はじめに

「神力も業力に及ばず」

故・田中角栄元首相が全盛期の頃に聞いた言葉である。パワー・ゲームを繰り広げてきた彼であるが、結局は「非理法権天」で幕を閉じた。人の業や人々の葛藤を浄化するものとは、永遠にとまることのなく流れる「時間」と、人の世のすべての事物を包含する広大無辺な「空間」であろう。その浄化されたもの、その「時空」が眼前にある。それは、例えば、墓地や墓石ではないだろうか。地下に眠る人、地表に立つ墓石。

墓は、業を滅し浄化された故人と、地球構成物質の循環により生まれた岩石よりなる。逝った人々については、著名人なら歴史や物語で知る機会は多いだろう。

先般、奈良県の酒船石《さかふねいし》遺跡で、日本では珍しい石材構造物が発見された。この時、新聞や週刊誌では、普段お目にかかることの少ない岩石名が記事になっていた。「砂岩を敷いた広場と溝、高さ一メートルの花崗岩と砂岩の石垣、付近で採れる閃緑岩の一枚岩から造られた、亀形と小判形石造物……」とあった。

この花崗岩、砂岩、閃緑岩が問題なのである。酒船石遺跡を見学しても、それを「石」としてのみで見るか、「砂岩」として見るかでは、それを造った祖先の生き方や思い、彼らの文明文化への理解の程度が違ってこよう。墓石についても同じことだろうと思う。

学校教育の危機が心配されているこの頃であるが、その一つに理科教育がある。高校で物理や地学を履修しないでも、理工系大学に入学できてしまう。授業についてこれない学生のために大学では、それら高校で習うべき科目について補習授業を実施しているという。先人たちが、自然を観察し、そこに法則を発見し、科学を技術を発達させ、文明社会をそして技術大国日本を築いてきたことを忘れてはならない。

「今一度、青少年に自然のすばらしさを示すことが大切である」と、鉱物学の第一人者の堀秀道氏はいう。「手始めに学校の玄関内に巨大な水晶を展示するのがよい」と、具体的に提案しておられる。私は、さらに学校の内壁には古生代の化石を含む石灰岩を、外壁はあらゆる種類のきれいな花崗岩を組み合せて用いたらと思う。その上、校内の樹木は多くの種類のものを植える。自然界の豊かな姿を毎日実感させる。そうすれば、旅行や登山の時、または散歩や買い物の時でも、自然や建物の石材・木材等を見る目を養えるのではないかと思うのである。少々、希望的観測ではあるが……。

牽強付会かも知れないが墓参りについても同じことがいえよう。そこには石あり、森あり、そして線香とともに歴史の香りが立ち込めている。四十六億年にわたる地球や石の歴史が、そして近代における人間の歴史がそこにはある。

岩石とそれを構成する鉱物は美しい。喜怒哀楽のある業の強い存在である人間もおもしろい。しかし、人間も岩石も樹木も、ともに宇宙の発生の際に生じた元素からつくられている。ということは、宇宙の視点からみれば、人間も岩石も兄弟であるのだ。

故人や自然〈石〉との対話ができるのはうれしいことではないか。

では、これから、霊園に眠る近代以降の著名人と、その墓石について語っていきたい。

時空漂泊――逝きし人々と石のつぶやき――　目次

1　墓石が語りかけるもの

一九九九年のNHKドラマ『元禄繚乱』で石坂浩二演ずる吉良上野之介が松の廊下で浅野内匠頭に額を切られる。楽屋へ戻った石坂氏にスタッフの一人が額の傷をみて「あっ、怪我をしたんですか」と尋ねたという。

歴史は矢のような勢いで過去へ過去へと飛び去っていく。昔の人々のいろいろのエピソードも次々と忘れ去られていく。各国の名画、名場面も忠臣蔵と同じ運命を辿っていくことだろう。昔から忠臣蔵を上映すれば劇場に人々が戻り、興業成績は好転したといわれてきた。アメリカにおける『スター・ウォーズ』のようなものだろうか。

『本の旅人』（一九九九年六月号・角川書店）に、安嶋《やすじま》彌《ひさし》氏が『逝ク者ハ斯クノ如キカ――大正生れの詩――』という詩を書いておられていたので、一部を紹介したい。

昭和の二十年は悲しすぎる。

それは、金融恐慌と中国への対応で幕を開けた。

……………
革命を夢みたマルキストも農本主義者も
困窮のはてに娘を売った農民も
（額に汗して働いても、みんな貧しかった）
苦海に沈んだ娼婦やカフェの女給も
退廃的で、一方で軽快な流行歌も
荷風も康成も与重郎も、そして茂吉も重治も
暗い裸電球や漂ふかまどの煙も
……………
戦艦大和とともに沈み、
あるひは帝都防空に散った友も
童顔の少年兵も
若かった温顔の恩師も
清貧にたへて刻苦した未亡人の祖母も
楠木正成を景慕してひた走った父も
（みんな今の私よりも若かったのだ）

………
その虎落笛《もがりぶえ》やレールに軋む鉄輪と
噴出する蒸気の音も
寒風の空耳に残ってゐる。
………

若い人々の中にはここに出てくる人物、事柄、言葉について、何だか分からないことがあるのではなかろうか。それらの一つ一つに注をつけていたらと考えると気が遠くなりそうだ。

しかし、決して若くはない私でも「荷風も康成も与重郎も……」のところで、あれっ与重郎って何々与重郎だったかな？　と、しばらくしてやっと、保田《やすだ》だっという始末である。

そこで、墓石の話のトップバッターは彼から始めたい。

保田の墓は滋賀県大津市膳所《ぜぜ》の義仲寺にある。ここには、また芭蕉の墓もある。芭蕉は望んで戦死した木曽義仲を葬った義仲寺に骨を埋めてくれと遺言したという。彼の心の中には落魄した人を愛する気持ちがあったと思う。「木曽殿と背中あわせの寒き哉」なる句碑がある。

しかし、与重郎とのつながりが分からない。奈良に生まれ、落柿舎関係の理事等もしていた。木曽義仲の生地は、木曽ではなく埼玉県嵐山《らんざん》町である。この辺りは鎌倉街道に面する交通の要衝であった。父源義賢が甥の源義平に討たれた時、畠山重忠の父と斉藤実盛に助けられ木曽に送られ、後に朝日将軍となる。平治の乱の後、源頼朝は伊豆に、源義経は鞍馬に幽閉された。

よくは知られていないと思うのだが源範頼は義仲の生誕地（写真1）から遠くない吉見町の安楽寺に育った。その近くに館跡の史跡標がある（写真2）。息障院《そくしょういん》という寺の門前である。義仲は琵琶湖の畔、粟津ケ原で、その範頼、義経に討たれてしまう。

範頼館跡近くに「吉見百穴《ひゃくあな》」という国指定史跡がある。発掘を指揮したのは人類学者、坪井正五郎博士である。発掘当時は千三百年ほど前の先住民族の住居跡といわれていたが、後にこれは凝灰岩層に掘られた横穴墓だということが確定した。約二百二十の横穴墓穴群は規模としては日本一

写真1／木曽義仲生誕地　埼玉県比企郡嵐山町　班渓寺

である。

　この形式の墓は、普通の墓や、霊園に対してへこんでいるので、負の墓石といえよう。また崖なので地面と九〇度傾いていると考えると、虚数霊園といってよいだろう。さらに全部共通の岩石、凝灰岩でできており、貧富の差がないように思える。

写真2／源範頼館跡　埼玉県比企郡吉見町　息障院

　冒頭のテレビドラマのスタッフのみならず、今の大学生の学力の低さ、知識のなさは目に余ると聞く。マルクスはもちろん理系大学生でも唯物弁証法という用語すら聞いたこともないという。分数の分からない高校生がいるというけれど、分数の割り算の意味を理解していない大学生もいるらしい。理系でもそうなら恐らくは文系でも似たような状況なのだろう。「博覧強記」の反対で「狭覧弱記」とでも言おうか。日本の歴史上、かってなかったほどの知的断末魔状態が学生たちに起こっているという。責任は第一に文部省にあろう。「日の丸」だの「君が代」等の強制には熱心なのだが、ひょっとした思いつきで一芸入試なんてやらかしてしまう。

安嶋氏の『逝ク者ハ斯クノ如キカ』、これとて安直な思いつきの題ではないのである。今や古くさい道徳主義と思われているかも知れない、いやそう思えばいい方かも知れない。まったく読んだこともない人も多いと考えられる『論語』にある文なのである。『論語』巻第五の子罕《しかん》編「子在川上曰、逝者如斯夫、不舎書夜」。さて、理系大学生諸君に読めるでしょうか。というのは湯川秀樹博士は当時の理論物理に対する批判から『論語』ではなく『荘子』にあるという〝混沌〟の話を用いて自然法則に関する説明をしておられたからである。(『現代科学と人間』・岩波新書)。ところで、ついでに漱石は、英文学のみならず、物理、数学にも長じ、さらに難かしい漢詩をたくさん作っておられる。

2　都営染井霊園～著名人の眠る霊園への誘い

さて、私は東京の滝野川区（今の北区）に生まれて、第二次大戦終結で復員（軍隊から一般社会に戻ること）し、灰燼《かいじん》に帰した東京の町のところどころに緑の残った場所で敗残の思いを噛みしめていた。というか、身を持て余していた。生家の近くに忠臣蔵でもお馴染みの柳沢吉保の庭園であった六義園《りくぎえん》がある。そこは、まだ門番もおらず荒れ果てていた。その夏草の中には空襲で亡くなられた人のものだろうか、人骨が見られた。そんなところで燃え残った本を読んだりしていた。

六義園の北東徒歩十分ほどのところに、染井吉野《そめいよしの》で有名な都営染井霊園がある。周囲には一般の寺や墓地も多い。江戸城の鬼門に当たる上野から赤羽に至る台地の中山道や岩槻街道沿いには寺が多く並んでいる。染井霊園の隣の蓮華寺《れんげじ》に予科練（旧海軍の飛行予科練習生の略称で、戦前戦中の若者たちの憧れの的であった）帰りの友人の墓がある。

手を合わせての帰り道に染井の墓地に入ると、高い柱状の墓が目に付く。こんな高い墓は誰のだろうかと思って見ると「工学博士　下瀬雅允《しもせまさちか》墓」とある（写真3）。下瀬博士。どこか遠い記憶にあった名である。はてと歩き出して思い出した。あの本だ。『日露戦争』『日本海大海戦』

『Z旗』『敵艦見ゆ』『世界最初の無線通信』『本日天気清朗なれど波高し』と、いろいろ甦ってきた。多分、小学生向けの雑誌の中の一文だったろう。微かに覚えている一応の筋を記してみる。

日露の風雲急を告げる頃、海軍は優れた砲弾の炸薬研究のため下瀬等の技師、化学者をあのノーベルの下に送った。彼らはダイナマイトその他炸薬について研究にいそしんだが日露の関

写真３／下瀬雅允《まさちか》　1859～1911（11月６日没）　工学博士　日露戦争時に下瀬火薬を創製　染井霊園１－イ・12－２　閃緑岩

係は一刻の猶予も許さない。ある日彼は実験机の上に散っていた薬品の粉末を爪の間に入れる。それをもとに分析、研究し強力な火薬を完成する。下瀬火薬の誕生である。

そんなスパイもどきの物語だった気がする。真偽のほどは分からない。しかし、あの物語の主が、こんな近くに眠っておられたのかと一人感慨に耽った。この下瀬火薬については日本海海戦を扱った書物には大抵触れられているとは思うが例を挙げてみると、『海の史劇』(吉村昭・新潮文庫)、『バルチック艦隊』(大江志乃夫・中公新書)等がある。前著にはロシア第一戦隊旗艦クニャージ・スヴォーロフ号の惨状と、

写真4／水原秋桜子　1892～1981（7月17日没）医師・俳人　虚子につぐ近代俳句の巨匠「ホトトギス」で活躍「馬酔木」を主宰　染井霊園　1－イ・3－1　安山岩

それにもかかわらず敵艦も撃沈し得ないでいる日本艦隊の焦りが、この火薬の性質を物語っている。後著では下瀬火薬の正体と伊集院信管と呼ばれる鋭敏な信管の組み合せについて述べられている。火薬の正体はピクリン酸そのもので、フェノール基に水酸基一個、ニトロ基が三個がくっついたニトロ化合物である。ダイナマイトは、取り扱いに不便なニトログリセリンを多孔質の珪藻土等に吸収させた爆薬である。映画『恐怖の報酬』に、このニトロが影の主役として登場していた。砲弾に用いる火薬づくりは大変に難しいものと言われている。銃器と火薬については、随分と古い本だが、『鉄砲を捨てた日本人』（中公文庫）がある。産業や平和について考えさせられると思う。下瀬については、近年亡くなられた司馬遼太郎氏が『坂の上の雲』に少々触れている。下瀬の墓は花崗岩である。

霊園事務所で案内図をいただいて歩き始めると、すぐ左側に水原秋桜子・妻しづ之墓が目に入った（写真4）。このくらいの人になると知らない方はいないでしょう。

秋桜子の後方奥（南）の方に、ザ・ピーナッツ（双子の美人歌手）のように同型同大の花崗岩の二基の墓石が見えた。

近寄ってみると、その右側に海軍少佐南郷茂章の墓が、左側には陸軍少佐南郷茂男の墓がある。これは下瀬博士（後に海軍中将となる）と違って、昭和の軍人である。しかし、南郷という名は年配者で、しかもヒコーキ好きの人々でないともう知らないでしょう。とにかく空の英雄、今風にいえば戦闘機隊のエースだった人である。元少年飛行兵だった私にも詳しいことが思い出せない。側らに父君の書かれた茂章氏の墓碑銘（やや紫がかった砂岩、泥岩の互層の板状の岩石）がある。各地の飛行隊長やら空母の飛行隊長を務め、中国は南昌の上空にて戦死となっている（写真5）。

自分のあやふやな記憶では、ノモンハンでの空中戦で戦死と承知していたのだが、これは左側の茂男氏のことか。事務所で聞いてみたが分からなかった。案内図に下瀬氏はあるが南郷氏は載っていない。理由を聞いてみると、「軍人については記入していない」とのこと。

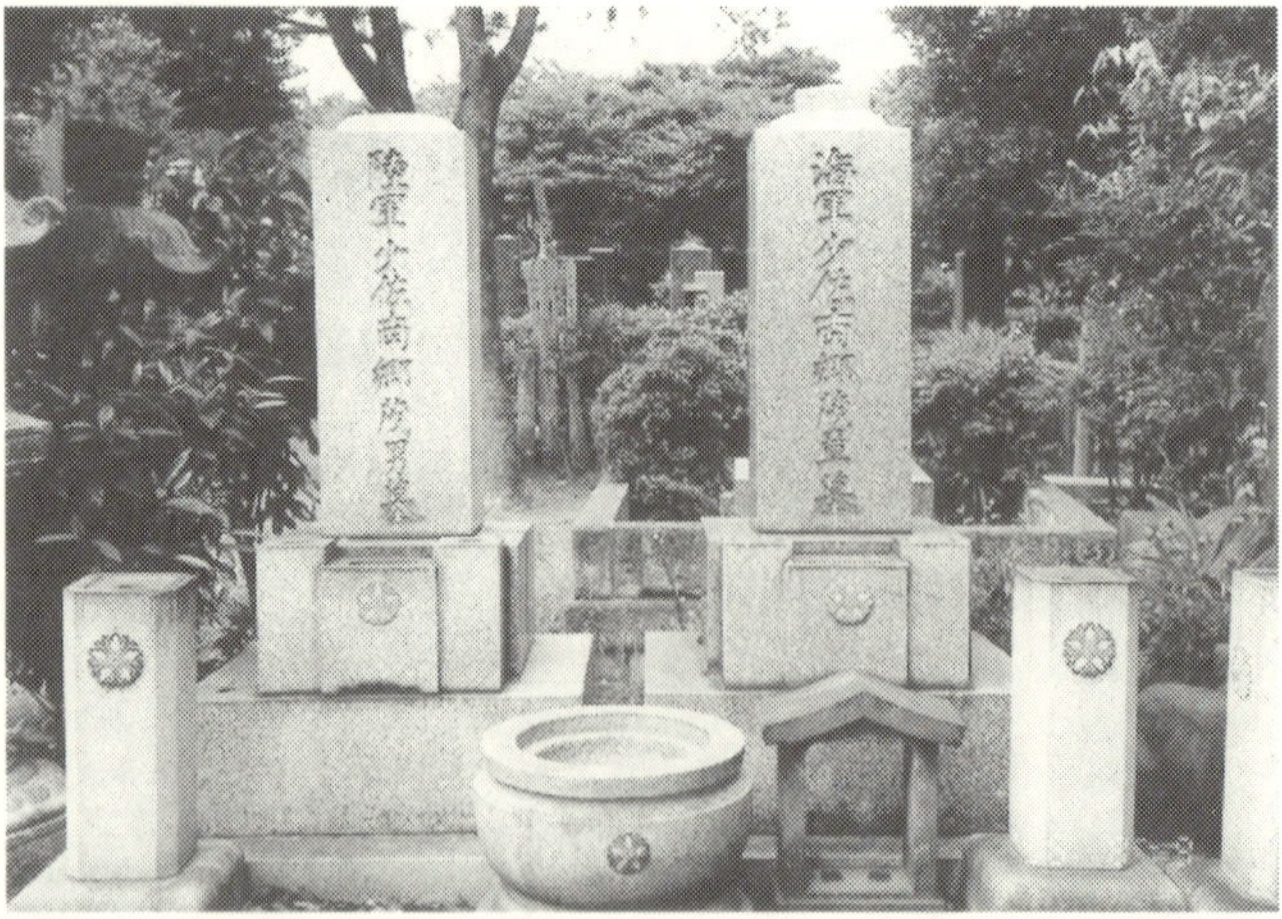

写真５／南郷茂章（兄・海軍少佐）茂男（弟・陸軍少佐）1938年と39年相次いで戦死　空のエース　父は南郷次郎　一族に嘉納次五郎　染井霊園　１・イ－３－２　花崗岩

写真６／広瀬武夫（右）1868～1904　海軍中佐　日露戦争時に旅順港閉塞隊を指揮　福井丸船上にて戦死　杉野上等兵曹を救出（失敗）について努力「軍神」となる　青山霊園　1・イ－22－9－11　花崗岩

写真7／乃木勝典・保典　明治天皇に殉死した乃木稀典大将の子息　二人とも二百三高地にて戦死　青山霊園　1・ロ－10－26－4　安山岩

写真８／児玉源太郎　1852～1906　陸軍大将　日露戦争で智謀をうたわれた　多磨霊園　８－１－17－１　花崗岩

写真９／東郷平八郎　1847～1934　海軍元帥　日本海海戦でバルチック艦隊を全滅させる。軍縮時代勉節をけがす　多磨霊園　２－特－１－１　花崗岩

私も以前は教員として平和教育「教え子を再び戦場に送らない」をモットーとしていた。しかし、少年飛行兵として戦争に協力してしまった人間だったし、空を飛ぶものが何よりも好きなので、つい関心を持ってしまう。

南郷氏のことは多分、K社の少年向きの絵本の中の一冊ではないかと考えて、社に問い合わせてみた。「大戦前や大戦中のものは記録にないし、もはや当時のことを覚えている社員も残っていないので調査室でも分からない。国会図書館なら分かるでしょう」とのことだった。大手出版社でさえ、こういう状況である。

もはや、岩見重太郎、草薙剣《くさなぎつるぎ》、塚原卜伝、孝女白菊、弟橘媛《おとたちばなひめ》、西住戦車隊、肉弾三勇士、木口ラッパ手どころか、湯川秀樹、朝永振一

写真10／山本五十六　1884～1943　海軍元帥　空母機動部隊の父　連合艦隊司令長官　ソロモン諸島上空にて戦死　墓は東郷の隣　多磨霊園　7－特－1－2　花崗岩

写真 11／馬場辰猪（兄）1850～1888　自由民権思想の啓蒙に努める　朝野新聞・自由新聞に執筆　1886 年アメリカに亡命
西場孤蝶（弟）1869～1940　翻訳家・随筆家　藤村らと「文学界」の同人　慶大で英文学を講ずる　随筆「葉巻のけむり」 谷中霊園　乙－10 －左－5　花崗岩

郎さえ遥か雲霧の彼方に消え去ろうとしている。

なお、南郷氏と同じように二基同型同大で並んでいる墓はかなりある。著名人で気付いたものを挙げてみる。青山霊園に広瀬武夫中佐と広瀬勝比呂少将（写真6）、同じく乃木希典大将の二人の子息、勝典氏と保典氏（写真7）、多磨霊園に児玉源太郎大将と松子の墓（写真8）、東郷平八郎（写真9）と山本五十六も（写真10）、谷中霊園には馬場弧蝶と馬場辰猪（写真11）。

暗い木立の下北東に向いて、もとは緑色だったかも知れない濃灰色の大きな砂岩か結晶片岩かの墓。二葉亭四迷、長谷川辰之助の墓と読める（写真12）。台の岩石も何かよく分からない。『浮雲』という小説を書いているが、林芙美子にも同じ題の作品がある。しかし、明治二〇年（一八八七年）に発表された四迷のものは、言文一致体とはいえ、さすがに難しい。注を見ながらでないととても分からない。『予が半生の懺悔』の中で『浮雲』について記した後、自分は下らない人間だから「くたばってしまえ」、「二葉亭四迷」と書いてあるがとんでもない。彼四迷は東京外国語大学の教授だったので遺灰は近くの染井霊園に葬られた。

この霊園の北隅に山田美妙《びみょう》の墓（写真13）があるが、彼にも『武蔵野』という作品がある。ここ染井には明治の御世に「言文一致体」を実践された2人の作家がおられることになる。四迷は『予が半生の懺悔』の中で、なぜ文学が好きになったかが書かれている。そこにはロシアという国が大いに関係している。ロシア語、ロシア文学、日本の大患となり得るロシア、社会主

写真12／二葉亭四迷　1864～1909（5月10日没）　小説家　46歳　小説「浮雲」等で言文一致体を主張　ロシア文学　ツルゲーネフの「あひびき」「其面影」等翻訳　染井霊園　1－イ・5－37

写真13／山田美妙　1868～1910（12月24日没）　小説家・詩人　言文一致体の小説「武蔵野」を発表　跳ね返り閨秀小説家田沢稲舟と結婚、すぐに離婚　彼女は傷心のため21歳で逝く　染井霊園　1－ロ・10－9　花崗岩

義等々とある。

三島由紀夫（写真14）とは少し違う気がするが、やはり憂国の士だったようだ。四迷は、今でいうスパイのようなこともやりたかったらしい。日露開戦直前に大学教授の職をなげうって満州（中国東北部）の街ハルピンへ行く。当時ロシア施政下にあったこの街の写真館に宿泊したというが、この写真館は日本陸軍の対露情報基地だったという。元大学教授で

写真14／三島由紀夫（平岡公威）1925〜1970　小説家・劇作家　「愛の渇き」「金閣寺」等　11月25日、市ケ谷自衛隊にて自殺　この日を憂国忌という　与重郎の日本浪漫派の流れをくむ　多磨霊園　10－1－13－32　花崗岩

写真15／国木田独歩
1871～1908（6月23日没） 小説家 ロマン派「武蔵野」「巡査」他 自然主義文学の先駆 青山霊園 1・ロ－16－16－6 花崗岩

写真16／川上眉山 1869～1908（6月15日没） 小説家 「うらおもて」で観念小説を確立 東京都文京区本駒込 吉祥寺 安山岩

も一民間人だから何もできずに終わったらしい。日露戦後はペテルブルグへ行ったが結核が悪化し、船にて帰国途中ベンガル湾上で亡くなった。船上での死亡は水葬に付されるのが普通というが、彼は火葬を望んでいた。当時、南方の国々というか地方では火葬の習慣がなく、わずかにシンガポールかマレー半島の山奥かに一部火葬を行う村が存在するというので関係者が大変な苦労をして、そこで火葬にしたという。何でもその時の写真も残っているという。時は明治四二年（一九〇九年）。先に記した山田美妙（山田武太郎）は一年前に亡くなっている。

同じ頃、同じ題の『武蔵野』を書いた、国木田独歩（写真15）は療養所でこの世を去り、石川啄木は貧乏に苦しみ、川上眉山《びざん》（写真16）に至っては生活苦のため自殺（生活苦のためではないという人もいるが、極貧であったことは確かだろう）。文豪漱石でさえ家賃の安い家へ引っ越しをしたという。啄木が二十七歳で貧窮の中に、その生涯を終えた時枕辺にみえたのは、父と妻そして若山牧水のみだった。

冒頭の大正生れの詩にあるように、日本人の殆どが大変に貧しかった。貧しいといえば漱石の父と樋口一葉の父が同じ役場に勤めていた。一葉が才媛ということで漱石の長男の嫁にと考えたらしい。しかし、樋口家の貧乏の物凄さに辟易して漱石の父はあきらめたという。夏目鏡子夫人の『漱石の思い出』にある。

3　墓の岩石について

これまで、墓石について、花崗岩とか砂岩とか結晶片岩とか書いてきたが、墓石も地球上のものなので当然科学の対象となる。例えば大地震があると地震学者の一部の方は直ちに墓場へ急行し、その倒れ方を調査する。

また、私は高校で物理を担当していたが、地学教師払底のため地学を持たねばならなかった。その時、地質分野で身近な教材として建築石材などの岩石、岩石中の化石（建物の内壁面の材料岩石）を用いた。そして、建築用に比べると種類は少ないが墓に用いられる岩石がたくさんあると考えて利用した。建築物については、例えば『議事堂の石』（工藤・牛来・中井共著・新日本出版社）等いろいろ参考文献がある。

墓石についてはなかなか目に付かない。『東京の動・植物園と博物館、化石めぐり』（大森昌衛編著　築地書館）の中に墓石めぐりの一章があったが今は絶版になってしまった。他に仏事関係のもの、石屋さん関係のものが少々ある。例えば雑誌だが『仏事ガイド』（六月書房）がある。墓地近くの石材屋さんに行っていろいろ尋ねると、「土佐桜」とか「屋立石」、「草水御影」、「黒御影」……等と答えが与えられる。「江州小松石」というのは花崗岩系だし、「甲州小松石」

は安山岩系らしく困ってしまう。

これらは商品名であり、学校で教える岩石名と異なるのが厄介である。『仏事ガイド』にこの両者の関係が表にしてある。例えば「日吉桜＝花崗岩、岐阜県瑞浪市日吉町、桜御影ともいう、桜色をした荒目の石材、記念碑・墓石・建築用」という具合である。『応用岩石学事典』（白亜書房）が一九八六年に出版された。商品名には産地の名がついているが、昨今は八割が輸入品になっているとのことだ。これからは何と呼ぶのだろうか。

墓石に必要な性質は、硬く、磨くと光沢が出る、風化に強い、ということであろう。古い昔は硬い岩石（例えば花崗岩）の加工技術が未発達なので安山岩質の岩石が多く用いられた。現在は大半が御影石《みかげいし》（神戸市東灘区御影町近くの産）といわれる花崗岩である。次いで安山岩（アンデス山脈に産が多いのが語源という）。そして斑糲岩《はんれい》と閃緑岩《せんりょく》であろうか。色は淡灰色、淡黒色、黒色、淡紅色、淡青色、白色、灰色。花崗岩といっても国内産だけで約三百種もあるという。

外人墓地はパッと見て白っぽい感じ、明るい印象をうける。大理石（中国の大理市近くに産することが語源という）や白っぽい花崗岩を用いるからであろう（写真17）。

地学という分野には変な用語や名詞が多く覚えにくい。現在、高校では地学教師が少ないため、開講できない学校が多いと聞く。

そこでいろいろの岩石がどのようにして生まれてくるかを概略示してみよう。岩石を大別すると火成岩、堆積岩、変成岩の三種類に分類できる。

（i）火成岩

昔、手塚治虫の『マグマ大使』という漫画があったが、火成岩とは、どろどろにとけたマグマが冷えて固まった岩石。マグマが固化する時、中に溶けている化学成分の違いと冷え方によって九〜十種類の岩石が生まれる。

岩石を構成する鉱物で白っぽいのを無色鉱物といい、石英、灰長石、斜長石。黒っぽいのを有色鉱物といい、黒雲母《くろうんも》、角閃石《かくせんせき》、輝石《きせき》、橄欖石《かんらんせき》という。

マグマが地下深いところで、ゆっくり冷却

写真17／外人墓地

固化すると結晶は大きく成長し、ほぼ等しい大きさの等粒状組織という状態になる。黒っぽい橄欖石、輝石を多く含むと黒っぽい斑《はん》糲《れい》岩（黒御影ともいう）になり、水晶と同じ鉱物である白っぽい石英や長石を多く含むと白っぽい花崗岩になる。といった具合である。これらを深成岩と呼ぶ。

火山岩はまた噴出岩ともいうが、マグマが地表に出て急激に冷却固化したもので、構成単位である結晶は大きく成長しきれず、虫めがねで見てもその姿は見えない。大まかに見て黒っぽいものは玄武岩、灰色のものは安山岩、白っぽいものは流紋岩という。

地下深いところにできた花崗岩が墓石として利用できるのはなぜか。地球表面近くを地殻という。卵でいえばカラに相当する。動か

●火成岩の種類

斑状 ↕ 等粒状	火山岩		玄武《ゲンブ》岩	安山《アンザン》岩	流紋《リュウモン》岩
	半深成岩		輝緑《キリョウ》岩	玢《ヒン》岩	石英斑《セキエイハン》岩
	深成岩	橄欖《カンラン》岩	斑糲《ハンレイ》岩	閃緑《センリョク》岩	花崗《カコウ》岩
二酸化珪素SiO_2の含有量（重量%）		45%	52%	66%	
		超塩基性岩	塩基性岩	中性岩	酸性岩
色		黒っぽい ←→ 白っぽい			
造岩鉱物	無色鉱物 ↕ 有色鉱物	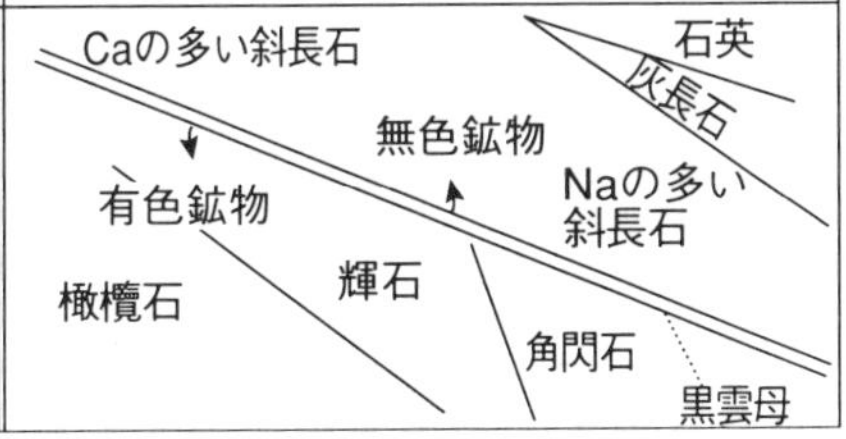			

ざること大地の如しというが、地球は非常にダイナミックなもので、地殻は地殻変動と呼ばれる変化を絶えず行っている。その急激な変化は地震である。ゆっくりとした変化は数万年とか数億年というスケールのもので、地下深くのものが地表へ、逆に地表のものが地下深ところへと移る。日本は地殻変動の極めて大きいところにあり、多くの場所で花崗岩が産出する。

（ii）堆積岩

地表の岩石が風化（空気、雨、風、植物等によって細かく砕かれること）や侵食が進むといろいろの大きさの粒、砕屑物となる。

礫《れき》、砂、泥となり川から海へ流され、海底に堆積する。もちろん泥は遠方まで流され、ついで砂、礫と海岸の近くにたまる。その間にも地表は隆起、沈降を繰り返すので堆積の様子は複雑になる。陸地から遠く離れた大洋でも火山灰が降ったり、海生の生物の遺骸が数百年間に数ミリではあっても海底に積っていく。長い長い時を経て圧力や化学作用によって岩石になっていく。これを続成作用という。さらに長い時代を経て地表に現われ堆積岩として我々人類の目にとまる。

●堆積岩の種類

	堆積物	→		堆積岩
砕屑物	泥（$\frac{1}{256}$mm以下）	→	砕屑岩	泥岩（粘土岩,頁岩,粘板岩）
	砂（$\frac{1}{16}$mm～2mm）	→		砂岩
	礫（2mm～256mm）	→		礫岩
	火山灰	→		凝灰岩
生物遺骸	貝殻，スズリナ	→	生物岩	貝殻石灰岩
	ウミユリ，有孔虫			スズリナ石灰岩
	サンゴなどの$CaCO_3$			有孔虫石灰岩
				サンゴ石灰岩
	放散虫，珪藻殻	→		チャート
化学的堆積物	$CaCO_3$	→	化学岩	石灰岩
	SiO_2	→		チャート
	NaCl・KCl	→		岩塩
	$CaSO_4$・$2H_2O$	→		石膏

（iii）変成岩

火成岩や堆積岩等の岩石が、地殻変動やマグマの上昇等で、強い圧力や熱の作用を受けると、もとの性質とはまったく別の新しい岩石に生まれ変わる。これが変成岩であり、でき方によって二つに分けられる。

一つはマグマとの接触で熱によって変化した接触変成岩で、砂岩や泥岩からはホルンヘルスが、石灰岩からは大理石（結晶質石灰岩）ができる。これは方解石の結晶からでき上っている。もう一つは造山運動等大きな地殻変動で強大な圧力と熱によって変化した、広域変成岩である。変成の度合いによって、結晶片岩と片麻岩に分けられる。これらの特徴は強い圧力のため、中の結晶が一定方向に並んで見えることである。これを片理という。

埼玉県の長瀞は変成岩、特に結晶片岩の一大分布地で三波川《さんばがわ》帯と呼ばれる変成帯に属している。これはほぼ中央構造線に沿って、紀伊半島から四国、九州へ延びている。関東では、三波石、御荷鉾石等の石材名で呼ばれる岩石である。

なお、広域変成岩の種類と性質を表にしておく。

このように実に多種多様の岩石があるが、墓石に用いられるのは案外少ない。建築物の外装用とほぼ同じでよく使われているのは、花崗岩、安山岩、斑糲岩であろう。とはいえ慣れないと岩石を見分けるのはかなり難しい。それは例えば鉄、銅、カリウム、ナトリ

恐縮ですが
切手を貼っ
てお出しく
ださい

112-0004

東京都文京区
後楽 2－23－12

(株) 文芸社

ご愛読者カード係行

書　名					
お買上 書店名	都道 府県	市区 郡		書店	
ふりがな お名前			明治 大正 昭和　　年生　　歳		
ふりがな ご住所	□□□-□□□□			性別 男・女	
お電話 番　号	(ブックサービスの際、必要)	ご職業			

お買い求めの動機

1．書店店頭で見て　2．当社の目録を見て　3．人にすすめられて
4．新聞広告、雑誌記事、書評を見て(新聞、雑誌名　　　　)

上の質問に 1. と答えられた方の直接的な動機

1. タイトルにひかれた　2. 著者　3. 目次　4. カバーデザイン　5. 帯　6. その他

ご講読新聞　　　新聞	ご講読雑誌

文芸社の本をお買い求めいただきありがとうございます。
この愛読者カードは今後の小社出版の企画およびイベント等の資料として役立たせていただきます。

本書についてのご意見、ご感想をお聞かせ下さい。

① 内容について

② カバー、タイトル、編集について

今後、出版する上でとりあげてほしいテーマを挙げて下さい。

最近読んでおもしろかった本をお聞かせ下さい。

お客様の研究成果やお考えを出版してみたいというお気持ちはありますか。

ある　　ない　　内容・テーマ（　　　　　　　　　　）

「ある」場合、弊社の担当者から出版のご案内が必要ですか。

希望する　　希望しない

ご協力ありがとうございました。

〈ブックサービスのご案内〉

当社では、書籍の直接販売を料金着払いの宅急便サービスにて承っております。ご購入希望がございましたら下の欄に書名と冊数をお書きの上ご返送下さい。（送料１回380円）

ご注文書名	冊数	ご注文書名	冊数
	冊		冊
	冊		冊

ウム……等の金属元素が、ほんの少し結晶中に混じると、色というか、顔つきというか、岩相というか、それらがかなり違ってしまうからである。

朝顔の花や葉の色や形が連続的に変化したものがないので、ああ朝顔だなと分かる。だから植物図鑑や他の図鑑はかなり利用価値がある。

しかし、岩石図鑑ほど、役に立たない図鑑はないと思う。例えば輝石を多く含む輝石安山岩を見ても、熊本の荒尾石は青灰色、佐賀の唐津石は緑灰色、長野の鉄平石は暗青灰色、山梨の片山小松石は淡灰色や白色、神奈川の小松石は赤褐色と色だけでもこんなに違う。つまりマグマ中の微量元素の量や、固化する時の温度、圧力が連続的に変化するので、ほぼ無数の顔つきを持った岩石が生まれてしまうから仕方ないのである。

墓石は身近の限られた種類の岩石を用いている

●広域変成岩の種類

もとの岩石	変成岩		
泥岩 →	千枚岩 →	泥質片岩	ミグマタイト 片麻岩 結晶片岩
		雲母片岩	
砂岩 →	千枚岩 →	砂質片岩	
石灰岩 →		石灰岩質片岩	
チャート →		石英片岩	
片理	有	有	有
はがれ易さ	有	有	無
結晶の大きさ	小		大

ので、少し努力すれば判定できるようになると思う。例えば雑司ヶ谷霊園にある竹下夢二（写真18）のものは土台がチャートという堆積岩で、その上に文字が刻んである石は斑粝岩で石屋さんは多分、黒御影というでしょう。石屋さんの言う「御影石」には、花崗岩の他に閃緑岩と斑粝岩も含まれているようだ。これはつまり鉱物の粒の大きさが比較的大きくて、揃った等粒状組織をもった火成岩石材の総称として用いられているようである。

さて、この花崗岩は、駅の階段、ビルの柱、外壁と、どこにでも見られる。最近の研究（『花崗岩が語る地球の進化』高橋正樹著・岩波書店）等によると、この岩石は地球

写真18／竹下夢二　1884～1934　画家・詩人・デザイナー　弱くはかない夢二風美人画　詩集「どんたく」「宵待草」絵草紙店で版画・封筒・人形・ポスター等も手がける　雑司ヶ谷霊園　1－8－9－32　斑粉岩　台はチャート

上にのみ存在し、生物と同じように進化してきた、太陽系内での珍しい岩石であるらしい。地球とほぼ同じ大きさの金星。ここに旧ソ連の探査船やアメリカの探査衛星マゼラン等が詳細な化学分析の手を伸ばした。その結果はどこも玄武岩だらけだったという。

もう一つの珪酸塩惑星である火星、ここには地球のものより鉄分の多い安山岩が分布し、太陽系最大の火山オリンポスは玄武岩質であり、花崗岩は発見されていない。

地球では墓石だけみても多くの種類の花崗岩がある。『花崗岩が語る地球の進化』の著者、高橋氏の表現はすばらしいと思う。いわく「美しく輝く白い花崗岩は、まさに暗黒の宇宙空間に浮かんだ太陽系のオアシス〝青き水惑星〟地球に咲いた美しい花……」と。

4　再び染井に戻って

都営の霊園で最も規模の小さいのが染井であり、また青山とか谷中等と違ってあまり世間に紹介されていないような気がする。

さて、もう少し染井霊園をめぐってみよう。

衣装箱の上に土を盛って草が生えてしまったような、岡倉天心（写真19）の近くに、バイオリンの名手巌本真理の墓（写真20）、一筋隔てて高村光雲、光太郎、千恵子の立派な墓（写真21）がある。

明治二三年（一八九〇年）天心はで

写真19／岡倉天心　1862～1913（9月2日没）　日本文化を世界に紹介　美術学校を創立、初代校長　安山岩　右は巌本善治、若松賤子夫妻　花崗岩　染井霊園　1－イ・4－14

写真20／巌本真理　1926～1979（5月11日没）　小野アンナが師　バイオリン名手　芸大教授　室内楽定期演奏会　94回　音楽史に残る　染井霊園　1ーイ・4ー13

写真21／高村光雲　1852～1934　彫刻家
高村光太郎　1883～1956（4月2日没）　彫刻家・詩人　詩集「道程」「智恵子抄」等　染井霊園　1ーロ・6ー1　花崗岩

きたばかりの東京美術学校の校長になる。この方も四迷と同じく愛国者というか、国粋主義者とみえて洋画科や西欧風の彫塑科を設置しなかった。天心一派が「日本美術専一」という方針を掲げて洋画派を抑えこんだ、という人もいる。第一回生に横山大観（写真22）がいる。天心は紀元節（今日の建国記念の日、二月十一日）に合わせて、自らデザインしたという美校の制服を生徒のみならず職員にも着用させて式典に参加させた。この制服はなんと奈良時代の官服

●各霊園の規模

霊園名	広さ（㎡）	墓石数（基）
多磨	1300000	68000
青山	125279	14642
雑司ヶ谷	106000	9100
谷中	102770	6211
染井	67911	4300

写真22／横山大観　1868～1958　日本画壇の大御所　天心とともに美校を辞め日本美術院創設　谷中霊園　乙－8－4　安山岩

を参考にしたものだそうで、東京の人々は神主の学校の生徒と思ったらしい。その上、美術的には一風変わった人たちを教授として迎えた。

その一人が高村光雲だが、彼は「自分は学問はおろか、字さえ習ったことがない。だから先生はできない」と断る。しかし、天心は「あなたに字を教えろとか、苦手なことをやっていただこうというのではない。彫り物を教えていただければよいし、学生が煩わしければ接しなくてもよいのです」と言ったという。その熱意に心打たれて、ついに光雲は美術学校教授になる。楠公像や西郷像を作った。明治三〇年（一八九七年）西郷像が完成した。その頃は西郷未亡人は健在で除幕式に招かれ、像を見上げてびっくりし「これは誰じゃ、家の人はこんな人じゃない。元気な人だったけど身なりはちゃんとした人で、近所へ出かける時も袴《はかま》をつけた。犬の散歩だってあんな恰好はしませんよ」

坂本龍馬でさえ、写真を残しているのに、西郷にはないという。でも偉人といわれる人たちの銅像の中では一風変わった像だなと思う。

楠公、楠木正成に至っては素人には何とも言えない。なお、楠公の娘の墓があるのをご存じだろうか。雑司ヶ谷霊園への道すがら、池袋駅から目白駅の方へ明治通りを南下し、左側の某調理栄養服飾専門学校裏、南池袋三丁目に法明寺《ほうみょうじ》というお寺である（写真23）。

ちなみに、またその近所の東京音大周辺に二つばかり寺院があるが、そこに物凄く風化の進

写真23／大楠公息女　南池袋　法妙寺　姫塚という　安山岩

写真24／風化墓　南池袋　法妙寺近く

んだ墓石が道端からみえる（写真24）。石でさえ、あんなになってしまう。地球上に変化しないものはないなとつくづく思う。

この法明寺と同じ池袋だが立教大学の近所に、祥雲寺《しょううんじ》という寺がある。ここには、人斬り（首斬り）浅右衛門として名高い人の墓と供養塔がある（写真25）。墓は八代目浅右衛門、山田吉豊のものである。また浅右衛門碑もあるが、これは七代目のお孫さんが建立したものだ。裏面に歴代浅右衛門の戒名と没年月日がみえる。彼は、明治三年（一八七〇年）、旧米沢藩士の小島竜三郎（雲井竜雄）を政府転覆のかどにより、さらに明治一一年には大久保利通暗殺犯で、旧加賀藩士の島田一良を斬首している。また、『大江戸死体考』（氏家幹人・平凡社新書）によると、谷中霊園にある高橋お傳（写真26）を斬首したのは、七代目浅右衛門の三男坊であったという。明治一二年（一八七九年）のことである。明治一三年以後の死刑は絞首刑となる。したがって、お傳が最後の斬首刑者なのかも知れない。

この祥雲寺界隈に、功雲寺《こううんじ》、洞雲寺《とううんじ》といずれも雲の付く寺院が集まっている。これは江戸城より北西の方はるか雲たなびくところに見える寺々だったのだろう。つまり、都区内でこの寺々が最も標高の高い地にあることによろう。

祥雲寺内の古い墓石には、割れたものを修復したのがいくつか目に付く。いずれも関東大地震時に倒れたものである。不思議なことにどれも後方に倒れたという。これは地震発生時の初

写真25／八代目浅右衛門墓
東京都豊島区池袋三丁目　祥雲寺

写真26／高橋お博　1850～1879　河竹黙阿弥等に希代の毒婦と宣伝される　実父は沼田領主の重臣　結婚後不遇にして殺人　市ケ谷にて斬首刑　谷中霊園　甲－2－1

動の向きによる。ここでは西方に倒れたことになる。

東京大学地震研究所では地震が発生すると震害調査を実施するが、その際、墓石の調査もしている。倒れた墓石を直方体とし、その底辺長をＢ㎝、高さをＨ㎝、重力加速度ｇ＝９８０㎝／S^2とすると、Ｂ／Ｈの値からその地点でのおよその震度を知り得るという。

α＝Ｂ／Ｈｇ（αは転倒限界の加速度）

例えば、Ｂ＝30㎝、Ｈ＝80㎝とすると

α＝30／80×９８０＝３６７・５㎝／S^2

震度換算表（略）から、これは烈震、すなわち震度6に相当する。『お墓の本』（須藤貞夫、金園社）で紹介された例である。これには御影石や大谷石（凝灰岩）の墓石の風化についても、いろいろの例が挙げられている。

ふらふらと雑司ヶ谷霊園に行きかけてしまったが、また染井に戻る。高村光雲一家から東側の南北方向の通りに出ると、一段高いところにまっ黒な斑糲岩の柱に白い文字で「山内恭彦先生墓所」とある。比較的最近亡くなられた東大の物理の大御所である。中には入れないようになっている。

私はもともとは科学者、技術者の墓を探りたかったのだが、北里柴三郎（写真27）。高峰譲吉（写真28）、木村栄（写真29）、平賀譲（写真30）、藤原咲平（写真31）、鈴木梅太郎（写真32）と

写真27／北里柴三郎　1852～1931　細菌学者　コッホに師事　破傷風の血清療法を発見　青山霊園1・イ－19－2－1　安山岩

写真28／高峰譲吉　　1854～1922　日本初の化学者　長崎でオランダ語や英語を学び、舎密（せいみ）学校で化学を学び、グラスゴーで研究生活に入る　麹菌・酵素研究の第一人者で、ジアスターゼで消化薬をつくる　青山霊園1・ロ－15－3－4　花崗岩

写真29／木村栄　1870～1943　天文学者　水沢緯度観測所初代所長　木村項（Z項）の発見　第一回文化勲章　月にキムラクレーターとして名を残す　多磨霊園23－1－2－7　花崗岩　（墓碑・斑糲岩）

写真30／平賀譲　1878～1943　造船工学者　旧海軍軍艦設計の神様　東大総長　多磨霊園23－1－2－15　花崗岩

写真31／藤原咲平　1884～1950　気象学者「お天気博士」といわれた　ノルウェーのビエルクネスに師事　寺田寅彦の後任として東大へ　風船爆弾研究に参画　多磨霊園18－2－85－17

写真32／鈴木梅太郎　1874～1943　生化学者　オリザニン（ビタミンB_1）の抽出に成功　理化学研究所を創設　多磨霊園10－1－7－8　墓碑・砂岩

意外に少ない。よほど偉い人でないと都営霊園には葬られないのであろう。

吉見百穴のところで若干記したが、染井霊園に坪井正五郎と夫人の墓がある（写真33）。人類学者で「コロボックルはアイヌと共存したが、のちに北海道を去ってエスキモーになったのだろう」というコロボックル説を唱えた人である。

この他では、統計学者で人口調査を初めて実施した杉享二《すぎこうじ》氏（写真34）と、慶応三年（一八

写真33／坪井正五郎　1863～1913（7月12日没）　人類学者・考古学者　弥生土器の発見　コロボックス説提唱　染井霊園　1ーイ・8ー6　安山岩

写真34／杉亨二　1828～1917（12月4日没）　統計学者　「甲斐国現在人別調」は日本最初の人口調査　染井霊園　1ーイ・6ー11　緑色片岩、安山岩

写真35／下岡蓮杖　1823～1914（3月3日没）　写真家　1867年、横浜に日本最初の写真館を開く　染井霊園　1ーロ・6ー5　花崗岩

六七年）に写真館を始めた下岡蓮杖《しもおかれんじょう》氏（写真35）がある。

南郷少佐の墓のやや南に、これまたほぼ同形同大の二基の柱（写真36）がある。一基はその上部にローソクを入れる穴になっている。燈碑とでもいうのだろうか。「為寺本義久君」と刻んである。他の一基には「故警部補寺本義久之墓」とある。旧帝国陸海軍の大尉、少佐クラス（南郷氏）と警部補とどっちが偉いのか知らないが、なかなか立派なものである。明治九年とあり、裏には「大警視正五位川路利良建之」。今なら警視総監である。ことに概要、顕彰文が彫ってある。戊辰戦争（明治元年・一八六八年鳥羽伏見の戦いから長岡藩や会津藩等からなる東北列藩同盟との戦いを経て、北海道五稜郭の戦いまで）の敗北によって悲惨な目にあった会津藩士の明治政府に対するクーデター計画「思案橋事件」に関する文であり墓である。当時は、神風連の乱、萩

写真36／寺本義久　1846？～1876（10月30日没）　警部補　思案橋にて殉職（殉職第1号）　1－1・3－5　安山岩

の乱、秋月の乱と明治政府というか、大久保利通に対する不平士族の反乱が続き、西南戦争は片付かずという時だった。そこにお膝元の思案橋で事件が起った。そこで大久保は殉職した警官を大いに顕彰し、警官の士気を高め、警察を強化しようと考えたのであろう。

思案橋は東京駅北口から永代橋の方へ行った、日本橋小網町にあったという。ここで旧会津藩士十数名と警官との死闘が起こり、寺本警部補が殉職した。会津藩士数名が逮捕され斬首刑に処せられた。この話は綱淵謙錠《つなぶちけんじょう》氏という難しい名の作家が、難しい文で「斬」とか「苔」「脱」

写真37／山川建次郎　1854～1931　物理学者　元白虎隊士　ポーツマツ講和問題・大学自治問題当時の東大総長（二度総長となる）日本初の理学部物理学教授　浜尾新と共に東大の二大総長といわれる　青山霊園　1・ロ－18－5－1～4　安山岩

等一字の題名の作品に書いておられる。斬首刑を行ったのは前にも記した浅右衛門の血を引く者という。

獄死した一人は小塚っ原に捨てられるが、その遺体を引き取ったのは、物理学者で当時帰朝したばかりの、旧白虎隊士でもあった山川建次郎（写真37）だった。彼は後に東大総長になる。そして、千里眼事件等という奇妙な事件に関係してしまう。

政治を司る輩は大昔も現在も、恐らくは将来も同じように嫌らしい手練手管を用い続けるだ

写真38／奥宮健之　1857～1911（1月24日没）　板垣退助に自由民権を学ぶ　秋水から爆弾の製法を聞かされたことが大逆事件の罪となり死刑　染井霊園　1－イ・12－5　安山岩

ろう。思案橋事件から四十年ほど後の犠牲者が、下瀬博士墓の少し西側に葬られている。大逆事件（明治四三年、一九一〇年）で死刑になった奥宮建之《おくのみやけんし》（写真38）である。この事件は反政府反体制者たちへの見せしめとして、天皇暗殺計画があったとするでっち上げ事件とされている。

先ず、爆薬を持っていたとして宮下太吉という人が逮捕され、その後数百名が捕まる。その中の幸徳秋水（伝次郎）他二十六名が大逆罪で起訴され、非公開裁判（明治四四年一月）の後、十二名に死刑判決。殆どの被告は無関係だったという。社会主義運動の弾圧に利用されたのだろう。奥宮は土佐の生まれで、兄は検事の職にあった。大正十年（一九二一年）に暗殺された原敬首相の『原敬日記』には「奥宮健之等は、確かにその筋の犬にて……」とあり、さらに「今回の大不敬罪の如き、もとより天地に容るべからざるも、実は官僚派が之を産出せりと云うも、弁解の辞なかるべしと思う」ともある。つまり、元老といわれた山県有朋とその一派の卑劣な行為だというわけである。

ここで水上勉《みずかみつとむ》の『古河力作の生涯』を思い出す。この作品は氏と同じ若狭の国の生まれで、染井霊園に隣接する滝野川で草花栽培の園丁をしていた古河力作が、なぜ大逆事件の死刑者の仲間に入ってしまったのか、その運命を哀惜の情を込めてまとめた力作の伝記である。なお、刑死した力作の遺骨は市ヶ谷あたりの今は民家になっている床下に埋まっている。彼は墳墓不要論者だったというが、霊魂のみが若狭の小浜にある妙徳寺に葬られている。

奥宮は本当にその筋の犬＝スパイだったのか？　それなのになぜ死刑になったのか？

幸徳秋水や管野スガらのことは物語、書物や芝居等で割合知られているが、他の面々の人生は知りがたい。したがって、奥宮がなぜここ染井の土になったかは分からない。

当時の新聞、書物をみても十二名の死刑の順序さえ、まちまちである。

ここにも呉越同舟がある。安岡正篤《やすおかまさひろ》の墓である（1-ロ・6-14、写真略）。漢学者で戦前は政・財・軍に広く知られ、戦中は大東亜省顧問、戦後は政・財・官の指導者の教化に努めた。敗戦時、天皇の「玉音放送」の文案を添削したのは有名な話である。

吉田茂他歴代首相の、施政方針演説に朱を入れたりもした。大川周明を「昭和の大塩平八郎」、安岡を「昭和の由比正雪」として対比された人物である。三島由紀夫は自決直前に、彼に長文の手紙を送っている。反共の日本主義者として、共鳴したためといわれている。

5　墓石に使われる石材の話

先に進む前に、ここで墓石に使われる石材について述べてみたい。

墓石の種類について調べられた資料を紹介しよう。資料は先に記した築地書館の『日曜の地学（10）』のものである。

全体としては安山岩が多いが、有名人では花崗岩が多い。理由は価格と、もう一つは政治家等は大きい石を用いるので過去の日本で大きい石材を得られたのは花崗岩だったからであろう。時代の傾向としては、安山岩、花崗岩、斑粝岩、安山岩という流れか。

雑司ヶ谷霊園の例でいえば、

花崗岩　夏目漱石　ジョン（中浜）万次郎碑（写真39）

安山岩　永井荷風　小泉八雲（写真40）　泉鏡花（写真41）　島村抱月（写真42）

五代目市川羽左衛門　六代目尾上梅幸　六代目尾上菊五郎

斑粝岩　竹久夢二

墓地名／岩石名	青山霊園				護国寺		外人墓地	
	日本人墓地		外人墓地					
	個数	%	個数	%	個数	%	個数	%
安山岩	2807	49.1	27	19.9	170	47.4	70	4.5
花崗岩	2182	38.1	57	41.2	138	38.4	744	47.8
砂岩	177	3.1	1	0.7	—	—	9	0.6
黒色片岩	163	2.8	7	5.1	—	—	2	0.1
斑粝岩	147	2.6	2	1.5	40	11.1	36	2.3
凝灰岩	118	2.1	1	0.8	—	—	5	0.3
緑色片岩	45	0.8	8	5.9	1	0.3	9	0.6
大理石	34	0.6	28	20.6	2	0.6	405	26.0
玄武岩	19	0.3	—	—	3	0.8	116	7.5
流紋岩	18	0.3	—	—	—	—	3	0.3
石灰岩	—	—	1	0.8	—	—	8	0.5
セメント	39	0.7	3	2.2	—	—	140	9.0
その他	7	10.2	1	0.8	5	1.4	8	0.5
計	5723	100.0	136	100.0	359	100.0	1556	100.0

注：墓地の規模の表（P.42）とこの調査票の墓石個数が大幅に異なっている。これは、使用者数と埋葬体数が異なっているからと思われる。有名人について具体的に記してある。

花崗岩　高峰譲吉　国木田独歩　斉藤茂吉　市川団十郎　中村吉右衛門
御木本幸吉　森永太一　吉田茂　井上準之助　小村寿太郎
大久保利通　加藤高明　池田勇人
安山岩　中江兆民　尾崎紅葉　北里柴三郎　犬養毅　黒田清隆
玄武岩　乃木希典
緑色片岩　牧野顕天

写真39／ジョン（中浜）万次郎　1827～1898　足摺岬沖にて遭難・漂流の末渡米　帰国後日米交流に尽力　雑司ヶ谷霊園　1－15－19－1　砂岩　記念碑は花崗岩

写真40／小泉八雲（ラフカディオ・ハーン）1850～1904　英文学者・小説家　日本を愛し松江に永住　小泉節子と結婚・帰化「怪談」等　仏葬を遺言する　雑司ヶ谷霊園　1－1－8－35　安山岩

写真41／泉鏡花　1873～1939（9月7日没）　小説家「高野聖」「婦系図」「滝の白糸」等　雑司ヶ谷霊園　1－1－13－13　安山岩

写真42／島村抱月　1871～1918　劇作家　逍遥の弟子　新劇運動　松井須磨子と恋愛　彼女は後追い自殺　雑司ヶ谷霊園　1－16－2－12　砂岩

6　染井周辺の墓

染井霊園を坪井博士の墓所近くの西側から出て、隣の慈眼寺その他を訪ねたい。

そこには、東京外大の学生の通る小径があり、目の前に慈眼寺の門柱と標識の柱（写真43）が見える。ここには、芥川家と谷崎家、そして古くは忠臣蔵の小林平八郎、江戸期の画家の司馬江漢（いずれも安山岩）の墓がある。

小林平八郎（写真44左）は最近の忠臣蔵では、上杉家家老の色部氏にすっかりお株を奪われてしまった感がある。吉良上野之介の付人になった侍である。

司馬江漢は元禄後の繁栄期、一八〇〇年初め頃の人。町の哲人であり、美人の浮世絵師である。絵の師匠は鈴木春信というが、この先生の偽絵を画いて稼いだり、オランダ人から西洋画を学び銅版画を創作する。さらに、才人平賀源内とも交わったという。当時幕府はタバコを禁止していたが、役人たちまでがこっそりやっていたらしい。彼は「違反者は親子ともども緊急逮捕の上、死罪申し渡すべし」といってまわったという面白そうな人物である（写真44右）。

谷崎潤一郎（写真46）は、昭和二六年・一九五一年、第一回文化功労賞を、湯川秀樹（ノーベル物理学賞受賞）とともに受けている。ちなみに、京都大学からは、湯川以外にも、朝永振

写真43／慈眼寺寺標　閃緑岩　ちなみに門柱は花崗岩　塀は擬灰岩

写真44／司馬江漢（右）1747～1818　江戸後期の洋風画家・蘭学者・浮世絵師　西洋自然科学の紹介　鈴木春信に学ぶ　安山岩
小林平八郎（左）1660～1702　吉良上野介の付人　安山岩　慈眼寺

一郎、福井謙一、利根川進氏と物理、化学、生理、医学と四人の自然科学系の受賞者を出ている。

谷崎は、佐藤春夫（写真45）と「妻の譲渡」なる行為をしたり、その他文人諸氏一般のように、いろいろな女性との諸関係が多い。自分の再婚話の時、記者に問い詰められて、「再婚七ケ条」なるものを発表した。いわく、

（i）関西の婦人であること。

（ii）日本髪も似合う人であること。

（iii）なるべくは素人であること。

（iv）二十五歳以下で、なるべく初婚であること。

（v）美人でなくても手足が奇麗であること。

（vi）財産地位をのぞまない人。

写真45／佐藤春夫　1892～1964（5月6日没）　詩人・小説家　「都会の憂鬱」で人気　「殉情詩集」をまとめる　花崗岩　伝通院墓地

（vii）おとなしく家庭的な婦人であること。

これを知って墓石の端正真面目な文字を見ているとつい吹き出してしまう。そうやって結ばれた夫人とも二年ぐらいしかもたず、さらに再婚を繰り返したおかしい大作家であった。谷崎潤一郎（写真46）は七十九歳の最後まで現役作家として終わったのに、芥川龍之介は三十六歳の若さで自殺（昭和二年・一九二七年）。その日は七月二十四日で、この日は潤一郎の誕生日という。

芥川龍之介の墓（写真47）は立方体で小型。何でも地震に倒れないようにとか、座布団の大きさにしたとか、伝えられている。色は谷崎潤一郎のよりやや黒っぽい。輝石という有色造岩鉱物が多い小松石（輝石安山岩）のためか。

芥川は文夫人にはとても優しかったという。文学博士の吉田精一（写真48）が入手した芥川宛の片山廣子という人の手紙があるという。「芥川と才力の上でも格闘できる女性」らしいが、この人との関係はどうなのだろうか。

彼の自殺については、いろいろな研究は多いが、若き日の宮本顕治の『「敗北」の文学』に感動した頃があった。宮本が元日本共産党の議長で、闘士の風貌、暗い時代をにおわせる雰囲気のためか、この作品に言及するものを聞いたことがない。

昭和の初め頃の多くの作家、知識人の苦悶をあの時代との関連で捉え、芥川が敗退せざるを

写真46／谷崎潤一郎　1886～1965（7月30日没）　小説家　「細雪」「春琴抄」等　慈眼寺　安山岩

写真47／芥川龍之介　1892～1927（7月24日没）　小説家　学生時代に「羅生門」　漱石が激賞した「鼻」　その他多数　芥川賞に不朽の名を留める　35歳で自殺　慈眼寺　安山岩　墓誌　閃緑岩

写真48／吉田精一　1908～1984　国文学者　大戦後、近代文学研究について指導的役割を演じた　美学的根拠に立つ実証主義の方法を確立「自然主義の研究」で芸術院賞　青山霊園　安山岩　墓誌は斑糲岩

得なかった過程を分析したものである。

『「敗北」の文学』（新日本文庫）は、宮本の処女論文で昭和四年（一九二九年）に発表された。当時、最も権威ある総合雑誌『改造』が、創作と文芸評論の新人を発掘するために懸賞募集をした。その文芸評論の一等に選ばれたのが、この論文である。二等はあの有名な小林秀雄だった。

ご存知の通り小林氏はちょっとした反共傾向の方である。宮本氏と違って当時すでに相当の実績や、その方面の知人も多かったのに二等だった。しかも、まったくの新人で文学上の敵に相当する人物に一等をもっていかれたのは大変くやしかったと想像される。お二人ともまだ活躍中なので、墓はない。

芥川と似通った典型的なインテリの有島武郎

写真49／有馬武郎　1878～1923（6月9日没）　小説家　「或る女」等
婦人公論の記者と情死　多磨霊園　3－1－3－10　花崗岩

（写真49）と比較して、芥川の苦しみがいかに切迫したものであったかを探っている。有島の遺書には「私たちは自由に歓喜して死を迎える……」とあるが、芥川の場合はより暗い空気に満ちているのは確かである。

慈眼寺を出て南へ向かうとすぐ近くに本妙寺（昔は本郷本妙寺坂にあった）があり、そこには遠山金四郎（写真50）、千葉周作（写真51）、歴代本因坊が葬られている。古いものなので、いずれも安山岩質のものである。遠山墓所脇の自然石碑はよく分からない。金四郎が北町奉行の時、南町奉行だった鳥居耀蔵《ようぞう》は、そこからそう遠くない本郷通り吉祥寺に墓がある（写真52）。金さんの命日は一八五五年二月二十九日（太陽歴では四月中旬）なので、普通二月二十八日に供養が行なわれているという。なお、金さんは芝居存続の恩人だとのことである。

江戸一番の剣豪千葉周作といえば、坂本龍馬の師である千葉定吉とその息重太郎の墓は、雑司ヶ谷霊園にある（写真53）。龍馬を好いたと伝えられる娘、千葉さな子の墓はここになく、山梨県甲府市白木町の日蓮宗清運寺にあるという。

本妙寺の隣には「すがも平和霊園」があり、漫画家の富永一朗の「墓」がある（写真54）。白い花崗岩の球体が同じ花崗岩の台上に載っており、両側は黒い斑糲岩で囲まれ、碑も同じ斑糲岩でできている。そこに名前と独特の悩ましい「まんが」が画かれている。隣との境は結晶（石英、長石、黒雲母）が大きく育った花崗岩が用いられている。富永一朗と白い球体はどんな関

写真50／遠山金四郎　？～1855（2月29没）
名奉行といわれた　本妙寺

写真51／千葉周作　1794～1855　北辰一刀流の剣客　神田お玉ヶ池道場は　江戸三大道場のひとつ　弟定吉（雑司谷霊園）は京橋　桶町千葉といわれた　本妙寺

写真 52／鳥居家墓所（鳥居耀蔵　1815～1874　老中水野忠邦の天保の改革を推進した奉行）吉祥寺

写真 53／千葉定吉・周作の弟　息太郎　　京橋に道場　坂本龍馬　伊東甲子太郎の師　娘さな子は龍馬の許婚者　雑司ヶ谷霊園　1－西6－5－10　花崗岩

写真54／富永一朗　1925～　漫画家　庶民的エロチシズムが人気「チンコロ姐ちゃん」等　すがも平和霊園　球は花崗岩　黒色柵は斑糲岩　境界は粗粒花崗岩

写真55／柴田錬三郎　1917～1978（6月30日没）佐藤春夫に師事「眠狂四郎」等　伝通院墓地　閃緑岩　台は花崗岩　球は斑糲岩

係があるのだろうか。

　小石川の伝通院には、「円月殺法・眠狂四郎」の柴田錬三郎の墓がある。（写真55）。球体は黒い斑糲岩である。円月だから円形を用いればと思うのだが、月に重きを置けば球体だなとも思う。月の色は昼は白、夜は黄色、どっちが本当の色でしょう。

　以上のように、都営で最も小規模な染井霊園とその周辺だけみても、いろいろと時空を超えた歴史、物語が点在している。多磨霊園に至っては、墓石の数は染井の十五倍以上あり、著名人の物語は無尽蔵にあろう。

　その多磨霊園には、徳田球一（戦後の日本共産党の書記長で、吉田茂首相

写真56／徳田球一　1894～1955　父は琉球一を願って命名　弁護士となる　大戦後、日本共産党創立、その後分裂させる　中国亡命中に客死　吉田茂とともに名物男だった　多磨霊園　19－1－31－2　花崗岩

とともに面白い存在だった）の墓がある（写真56）。墓前には円筒形のものがある。これは球にすればよかった。彼の父が琉球一の男になれと希ってつけた名だそうだ。墓石は「君が代」の歌詞のように苔むして何の石だかよく分からないが、形からみて花崗岩の匂いがする。

円と球を取り替えればと余計なことを考えたが、さらにお節介なことを考えることがある。よく問題になる靖国神社と明治神宮である。寺ではなく神社の話になるが、明治神宮には、あの広大な神域に上御一人が祭られている。一方九段の森には、何十万柱もの護国の神々がひしめいておわす。『逃亡』の帚木蓬生氏ではないが、皇も国も、政治家も民草等眼中にいれてなかった。虫けらの如く初めから無視していたのだなと考えてしまう。

神宮の森の木々は全国から集められたものという。また国会議事堂の石も全国からできるだけ多くの、各種岩石を集めてつくられたという。ついでながら国会議事堂の型は砂漠の国の墓型なのだそうで、あのような型は国を滅ぼすと古くからいわれていたらしい。事実敗戦、そして今日のこの列島、今や米保護領というか、租界列島と化してしまった気がして仕方ない。

7　墓、人類の進化

今、墓に関する人々の考え方や対処の仕方に変化の兆しが現われてきている。私自身、死期が近づいてきているのに墓が買えないでいる。それなのに他人様の墓の写真等撮って歩いて、家人の顰蹙《ひんしゅく》を買っている。

九月七日は、吉川英治忌（写真57）だが、嫌なニュースが流れた。この日、東京は世田谷の某寺院の警備員の方が射殺されたと。犯人は多分右翼政治団体員か暴力団員だろうという。寺院と石材問屋氏間の商売上の確執が原因であろうとのことだった。

『お墓がない』という映画もあったが、お墓に等入りたくない、という人も多いとみえて宇宙葬

写真57／吉川英治　1892～1962（9月7日没）　小説家　「宮本武蔵」「私本太平記」等　多磨霊園20－1－51－5　花崗岩　斑糲岩　花崗岩

写真58／夏目漱石　1867～1916（12月9日没）　大文豪　1911年の博士号返上は有名　雑司ヶ谷霊園　1－14－1－3　花崗岩

写真59／永井荷風　1879～1959（4月30日没）　小説家　新浪漫派「ふらんす物語」「濹東綺譚」等　祖は家康旗下の武将、よって姿に気品ありとのこと　生粋の江戸っ子　雑司ヶ谷霊園　1－1－7－3　安山岩

等も可能となった。

夏目漱石、永井荷風、中江兆民に共通していることは何でしょう？　そう三人とも墓に入りたくなかったということである。

漱石は『倫敦塔《ロンドンとう》』に「骨は粉にして風の強い日に空にまきちらして葬式等に苦労するな…」みたいなことを書いた（写真58）。

荷風（写真59）も葬式無用論者だったという。

兆民は、と言っても中江兆民（写真60）なんて、もう知らない人が多いのではなかろうか。「我

写真60／中江兆民　1847～1901　ルソーの「社会契約論」を紹介した自由民権思想家　「告別式」という言葉はこの人の葬儀に始まるという　青山霊園　1・イ－1－24－6　安山岩

が日本には古代より哲学なし」等と言っていた唯物論者のような自由民権の思想家である。「東洋のルソー」といわれた人物で、坂本龍馬と面識もあったらしい土佐の足軽の倅として生まれた。岩倉具視と共にフランスに留学し、帰国後仏語塾を開いたり、政治家になったり、新聞社をつくったり、とても忙しい人である。幸徳秋水は彼の弟子だった。

この三人、みんな立派な墓に入れられてしまった。

数年前、中国の北京から八達嶺、そして西安とその近傍をバスで走り回ったが、ついに犬、猫そして墓地を見かけなかった。日本語の上手なガイド女史にそのことを聞いたら、「お墓は遠い遠いところにあります」と言ったきり黙ってしまった。

二十四節気の「清明」、大体四月五日頃が、中国では墓参りの日というのだが不思議なことだ。沖縄もこの日にお墓参りをするという。日本では普通、お彼岸に墓参りをするが、それは陽気がいいからというけど、「くされ彼岸」ともいって天気の悪いことが多い。

もう、五～六年も前のことだろうか。芥川賞受賞作に『石の来歴』(奥泉光著)というのがあった。「河原の石ひとつにも宇宙の全過程が刻印されている」ということから始まる物語に心惹かれた。敗残のレイテ島洞穴中で「緑色チャート」を示しながら、その来歴を話しかける戦死直前の兵士。それに導かれるようにして始まる彼の戦後の事業、そのためにか起こる家族の不幸。その間に岩石や鉱物や化石についての、すばらしい話が散りばめられている。

つまり、生きて活動している人々は、真剣であればあるほど、もちろん自分も含めて、いろいろな意味でどうも生臭い。若人が気にする「オジサン臭さ」もある。他人の前やテレビの中で腕組みしたりする有名人の面々からは、何となく押し付けがましさ、アクの強さ、のし上ってきた押しの強さ……を感じてしまう。真っ当に努力してきた人々からも、そうであればなおさら、テレビで見たり、面と向き合ったら相当の圧力を感じてしまう。自分は落伍者だなと認識させられ、落ち込んでしまう。

これが物故者の話で、文字で読む分にはなんということはない。始皇帝だろうがシーザーだろうが、ヒトラー、チャーチル、東条英機（写真61・62）山県有朋、宮本武蔵、曹操……アクの強い恐ろしいこれらの人物でも、それぞれ面白く楽しい読み物になる。

映画はテレビと違って墓に似ている。黒沢明監督いわく、「映画のスクリーンというのは世界の広場みたいなもので、スクリーンを通して、お客はそこに出てくる人たちと一緒に悲しんだり喜んだりしているわけでしょう。早い話がジョン・ウェインなんて誰も他人だと思っていないものね」（『夢は天才である』文春文庫）。黒沢監督にしても、椿三十郎の三船敏朗、ジョン・ウェイン、あの寅さんだって生きて目の前に出て来られたらちょっと困る。

ＳＦの世界だが、ジェームス・Ｐ・ホーガンという作家に、他の宇宙の生物とのコンタクトを扱った作品がある。『星を継ぐもの』『ガニメデの優しい巨人』『巨人たちの星』『内なる宇宙』

写真61／東条英機　1884～1948　陸軍大将・首相　大戦後、一級戦犯として処刑　雑司ヶ谷霊園　1－1－12－6　安山岩

写真62／サンシャイン下の公園にある刑場跡の碑　花崗岩

と続く大作である。ここで人類の起源、月の誕生、生物の進化等の難問を地球人類の争いの批判を絡めて綴っている。未来において、木星領域の開発中の人類が、私たちより数世紀も進んだ科学を持つ「心優しい宇宙人」と接触する。彼らは戦争、武器、遺恨、暴虐等という言葉を持たない。闘争の概念をまったく知らず、いかなる形であれ意思的な暴力とは一切無縁で感情を爆発させることはない。したがって、口論をしない。競い合うことも対抗意識と呼ぶべきものを持たない。面子というものもない。自分が正しくても自己満足を味わう等ということはない。威張らず、驕らず、決して他者を貶めることがない。彼らの言動には自分の存在を主張し、優越を求めることもない。そうかといって冷淡、無感情、無味乾燥、そんなことはない。むしろ、悲しみを知り、心優しく温厚で人情に厚いユーモアの持ち主である。潔癖な誇り高い人種で、柔和で控え目で、しかも自信に満ちている。地球人も生存し続けられれば、このように進化していくのだろうか。恐らくは、作者のJ・P・ホーガン氏も私同様に内気な人物なのだろうか。

墓めぐりをしていて、いいなあと思ったのが一つある。多磨霊園における仁科芳雄博士（写真63）と、側らに侍立する朝永振一郎博士の「師とともにここに眠る」（写真64）には感慨無量となった。この前に立つと敗戦直後の日本を思い出し、そして「文化国家建設」の希望は遂に夢だったのかと考え込んでしまう。

写真63／仁科芳雄　1890～1951　物理学者　ラザフォード・ボーア、長岡に師事　理化学研究所にサイクロントロン建設　湯川、朝永を育てる　22－1－38－5　安山岩

写真64／朝永振一郎　1906～1979　物理学者　ハンゼンベルグ、仁科に師事、シュウインガー、ファイマンと共にノーベル物理学賞受賞　落語好きな大学者　師と共に眠る　多磨霊園　22－1－38－5　安山岩

墓地を歩いていると、立派な墓の上でカラスがラブシーンを演じていたり、物凄い風化墓石が時の流れの厳しさを見せてくれる。「さざれ石の巌《いわお》となりて……」を思い出したりさせられる。地学知識の少なかった大昔の誰かさんは、どう考えてこのように作詩したのだろうか。

おわりに

墓石だの霊園のことに興味を持つ方等は殆どおられないと思ったが、こんな本もあっていいかなと考えてみた。

文学や歴史については、元埼玉県立川越高等学校の横田洋氏、および元埼玉県立大宮高等学校の勝田かをり氏に負うところが大きい。

岩石については、埼玉県立浦和西高等学校教諭久津間文隆氏の御指導を仰いだ。なお氏は築地書館の『日曜の地学（10）』で墓石の調査執筆を担当された方である。

撮影は私のクラスにいた卒業生の方に助けていただいた。

出版に当たり、世間知らずの私の目を開かせて下さった文芸社の安藤信一氏および佐藤圭子氏に感謝いたします。

なお、「君が代」の「さざれ石の……」を記しましたが、先に紹介した久津間氏が生徒の質問に答えた文を掲載いたしました。「日の丸」「君が代」が問題になった昨今ですので、あわせて紹介しておきます。

質問

「小さい石が大岩になるか」。

岩石の風化は「大きい石が風化侵食で小さくなっていく」ことだが、「君が代」の詩の内容は自然の法則に反しないか。

回答

地学事典を見ると「さざれ石」は地学用語ではないようです。『広辞苑』には「細石（さざれいし）・・小さい石、小石」とあります。九段千鳥ヶ淵にある戦没者霊園に「さざれ石」があると聞いたので行ってみました。霊園事務所の前に一・五メートルほどの巨石が置いてあり、「岐阜県文化財さざれ石　学名　石灰質角れき岩　産地　岐阜県揖斐郡春日村」とありました。石灰岩の礫の間を石灰分($CaCO_3$)が埋めて固まった礫岩です。おそらく、サンゴ礁のような浅い海域に石灰岩でできた陸地から石が転がりこんで堆積し、長い間に石と石の隙間をサンゴや貝等から溶け出した$CaCO_3$が埋めてできたものだろうと思いました。―中略―

その後、彼は伊那谷で同じものを見つけた。（石灰岩礫、石灰こう結礫岩〝さざれ石〟小渋川湯折沢）と記されていたそうだ。これらは産地は離れていても、同じ古生代後期（三億年くらい前）に形成された地質なので、同じ環境下でできたものという。

つまり、「さざれ石の巌となりて」＝「石灰岩の小礫が堆積し続成作用を経て、礫岩になること」。秩父の山（秩父帯）からも足尾の山（美濃帯）からも〝さざれ石〟は出てくると予言している。天皇賛美の方には朗報。

参考文献

漱石が見た物理学　小山慶太　中公新書
バルチック艦隊　大江志乃夫　中公新書
海の史劇　吉村昭　新潮文庫
軍艦総長平賀譲　内藤初穂　中公文庫
三燈随筆（一）・（二）　陳舜臣　中公文庫
石の来歴　奥泉光　文春文庫
五衰の人―三島由紀夫私記―　徳岡孝夫　文春文庫
牧野植物図鑑の謎　俵浩三　平凡社新書
大江戸死体考　氏家幹人　平凡社新書
「敗北」の文学　宮本顕治　新日本文庫
議事堂の石　工藤晃・牛来正夫・中井均　新日本出版社
「明治神宮の森」の秘密　明治神宮社務所編　小学館文庫
ジョン万次郎　星亮一　ＰＨＰ文庫

ガニメデの優しい巨人
J・P・ホーガン　池央耿（ひろあき）訳　創元SF文庫
日曜の地学（10）東京の動・植物園と博物館、
化石めぐり　大森昌衛編　築地書館
かわらの小石の図鑑　千葉とき子・斉藤靖二　東海大学出版会
たのしい鉱物と宝石の博学事典　堀秀道　日本実業出版社
地球科学ハンドブック　力武常次　聖文社
応用岩石事典　応用岩石事典編集委員会編　白亜書房
季刊　仏事ガイド　六月書房
潤一郎ごのみ　宮本徳蔵　文藝春秋
文藝春秋（平成10年11月号）
元白虎隊総長山川建次郎の奔走　立花隆　文藝春秋
中江兆民　飛鳥丸雅道　吉川弘文館
杉野はいずこ　林えいだい　新評論社
いま「武士道」を読む　志村忠夫　丸善ライブラリー

参考文献

明治大正昭和世想史
加藤秀俊・加太こうじ・岩崎爾郎・後藤総一郎　社会思想社
新編日本史辞典　京大日本史辞典編纂会編　東京創元社
ニュースで追う
明治日本発掘　鈴木孝一編　河出書房新社
昭和史年表　神田文人編　小学館
お墓がないと死ねませんか　安田睦彦　岩波ブックレット
東京人（1994年　No・85）「東京掃苔録」　都市出版
お墓の本　須藤貞夫　金園社
本の旅人　角川書店
間諜　二葉亭四迷　西木正明　講談社
逆風に生きる―山川家の兄弟―　中村彰彦　角川書店
古人骨は語る―骨考古学ことはじめ―　片山一道　角川書店

〈著名人　墓所ガイド〉

本書で紹介した墓所を示した。番号は本文中の写真と対応している。
参考までに筆者の訪れた他の著名人の墓所も掲載した。
まだ掲載していない著名人の墓所もあるが割愛した。

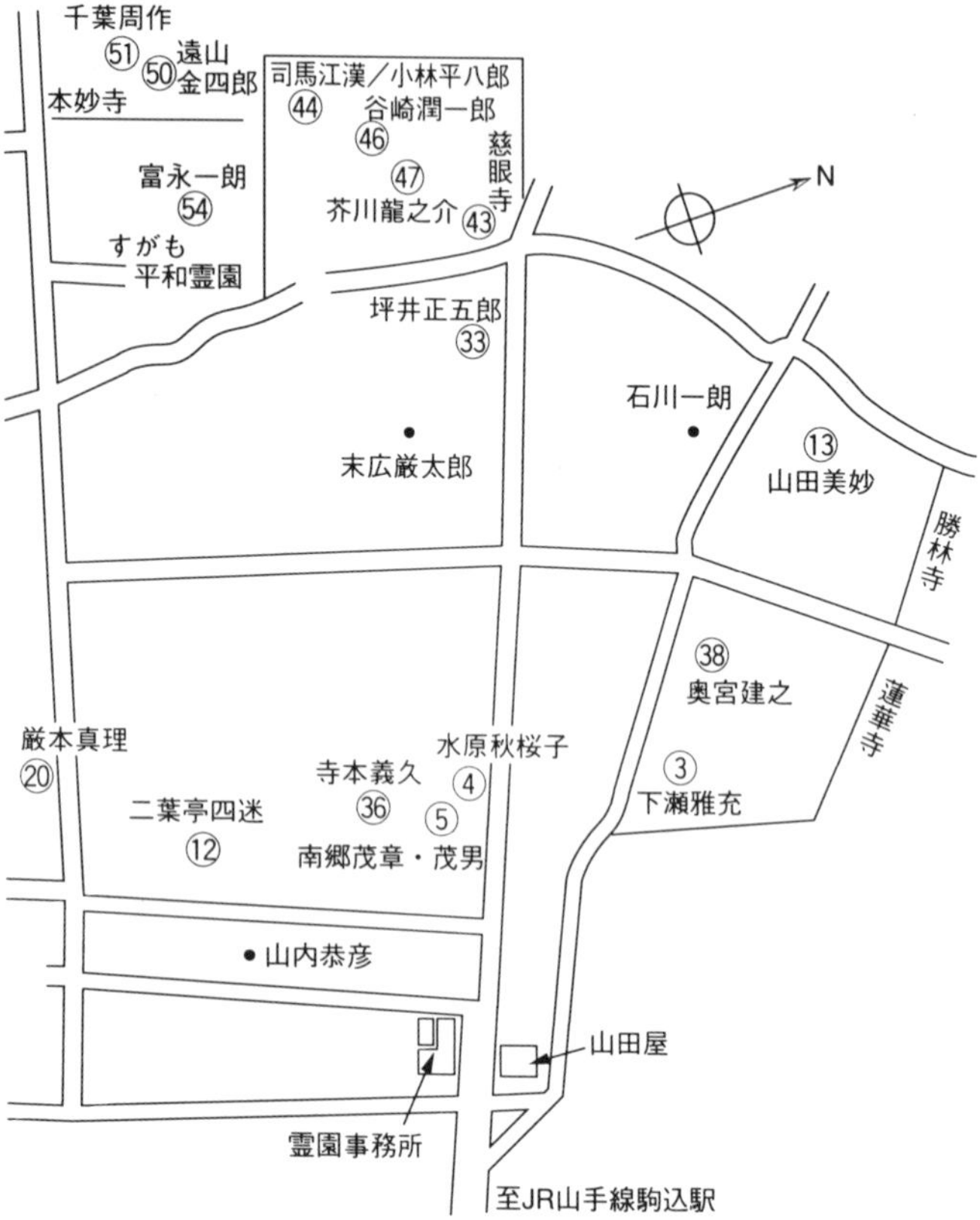
千葉周作
51
遠山金四郎
50
本妙寺
司馬江漢／小林平八郎
44
谷崎潤一郎
46
慈眼寺
47
富永一朗
54
芥川龍之介
43
N
すがも平和霊園
坪井正五郎
33
石川一朗
13
末広厳太郎
山田美妙
勝林寺
38
奥宮建之
蓮華寺
厳本真理
20
水原秋桜子
寺本義久
4
3
36
二葉亭四迷
5
下瀬雅充
12
南郷茂章・茂男
山内恭彦
山田屋
霊園事務所
至JR山手線駒込駅

都営染井霊園

〒170-0003　Phone 03-3918-3502
豊島区駒込5-5-1
67911m²　4300基

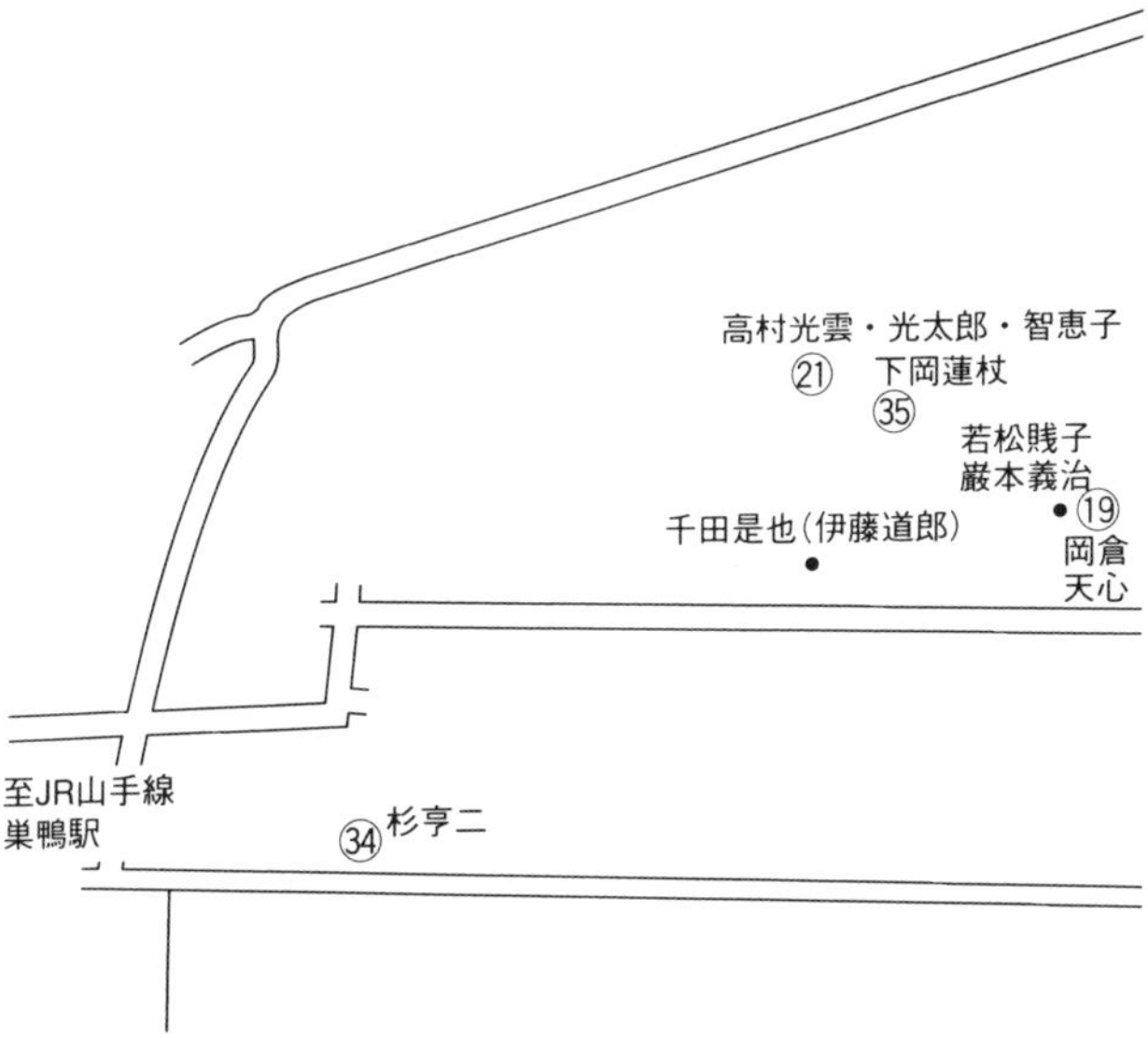

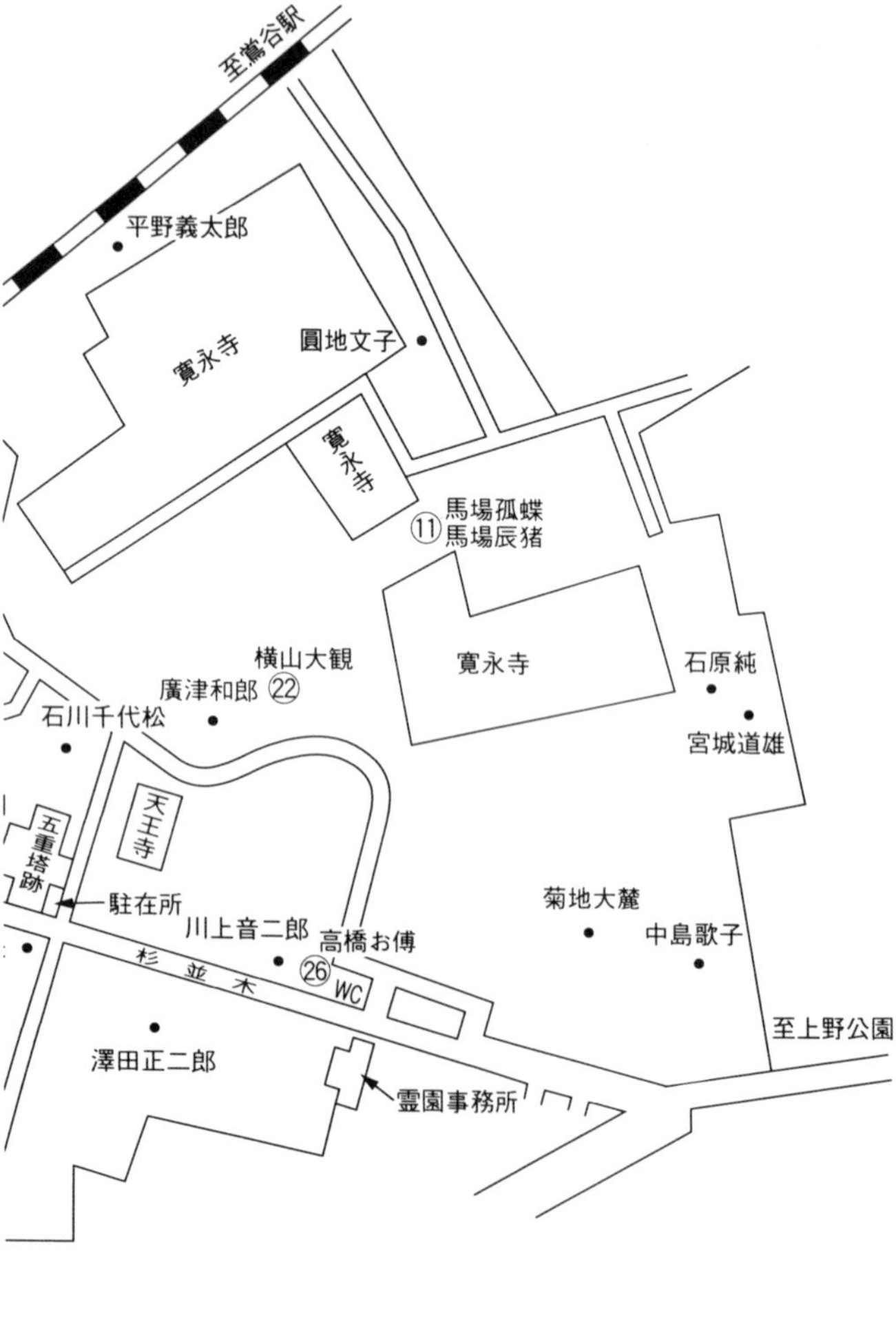
至鶯谷駅
平野義太郎
寛永寺
圓地文子
寛永寺
⑪馬場孤蝶
馬場辰猪
寛永寺
横山大観
廣津和郎 ㉒
石川千代松
石原純
宮城道雄
天王寺
五重塔跡
駐在所
川上音二郎
高橋お傳
㉖
WC
杉並木
菊地大麓
中島歌子
澤田正二郎
霊園事務所
至上野公園

都営谷中霊園

〒110-0001　Phone 03-3821-4456
台東区谷中7-5-24
102770m²　6211基

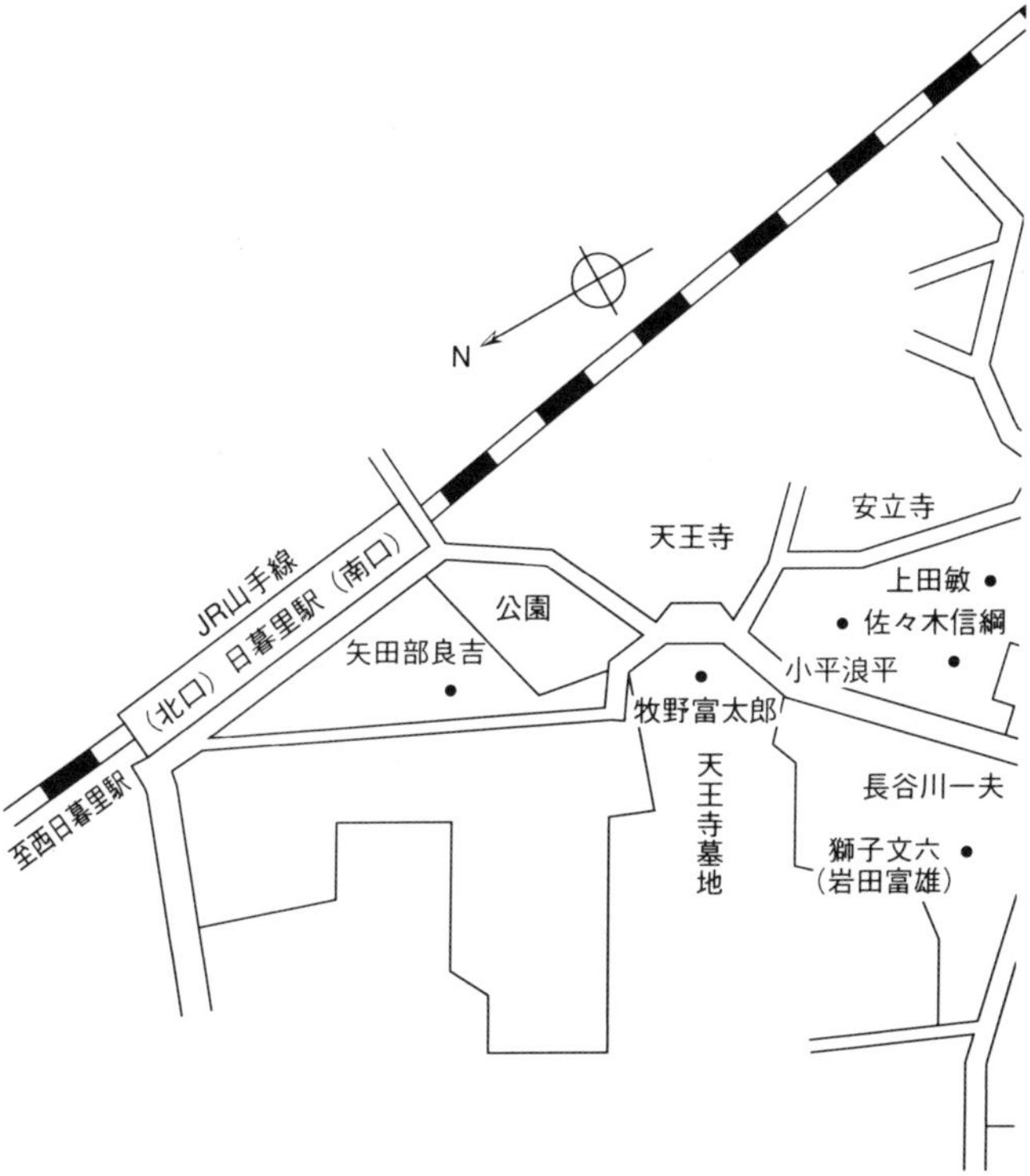

都営雑司ヶ谷霊園

〒171-0014　Phone 03-3971-6868
豊島区南池袋4-25-1
106000m^2　9100基

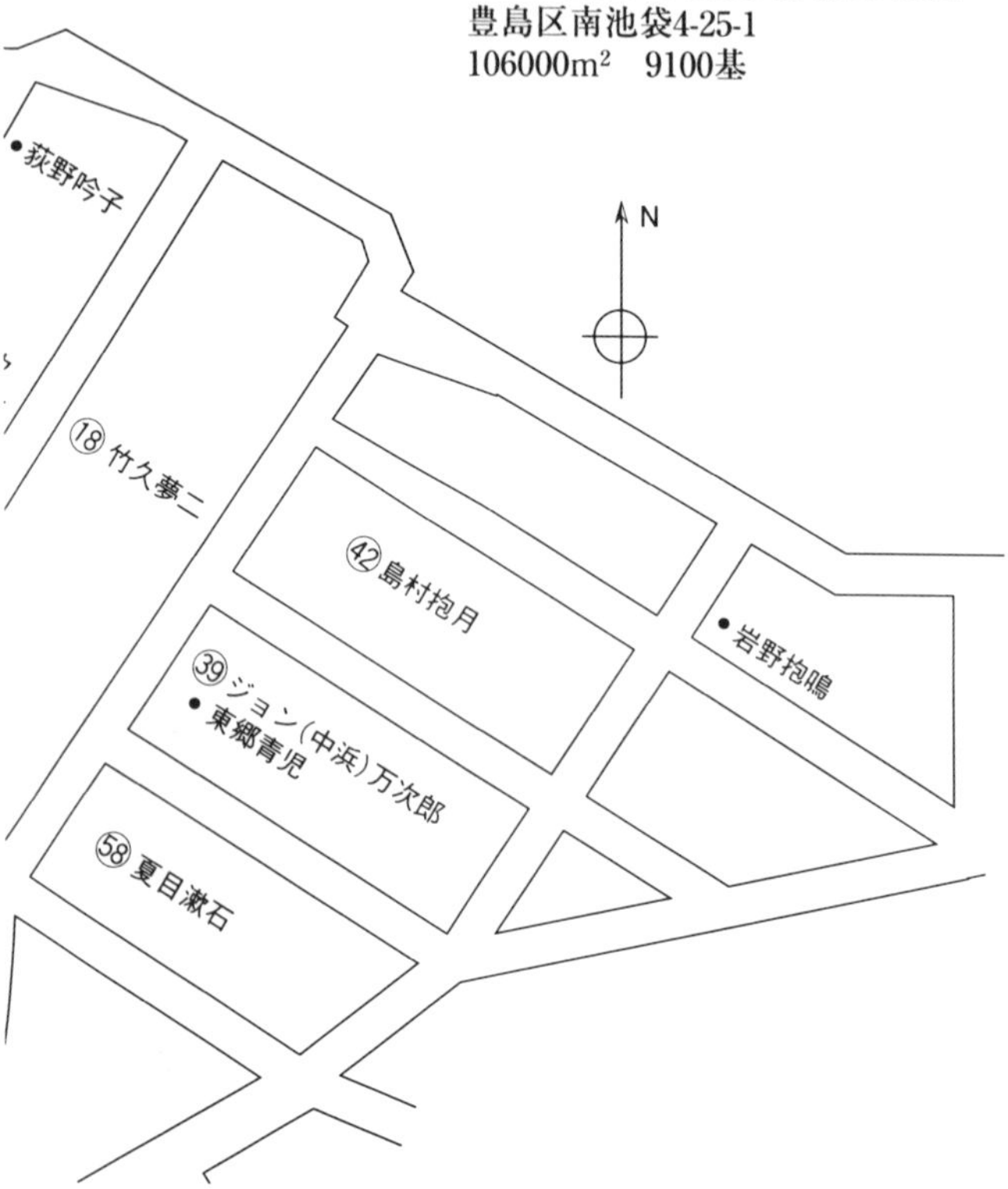

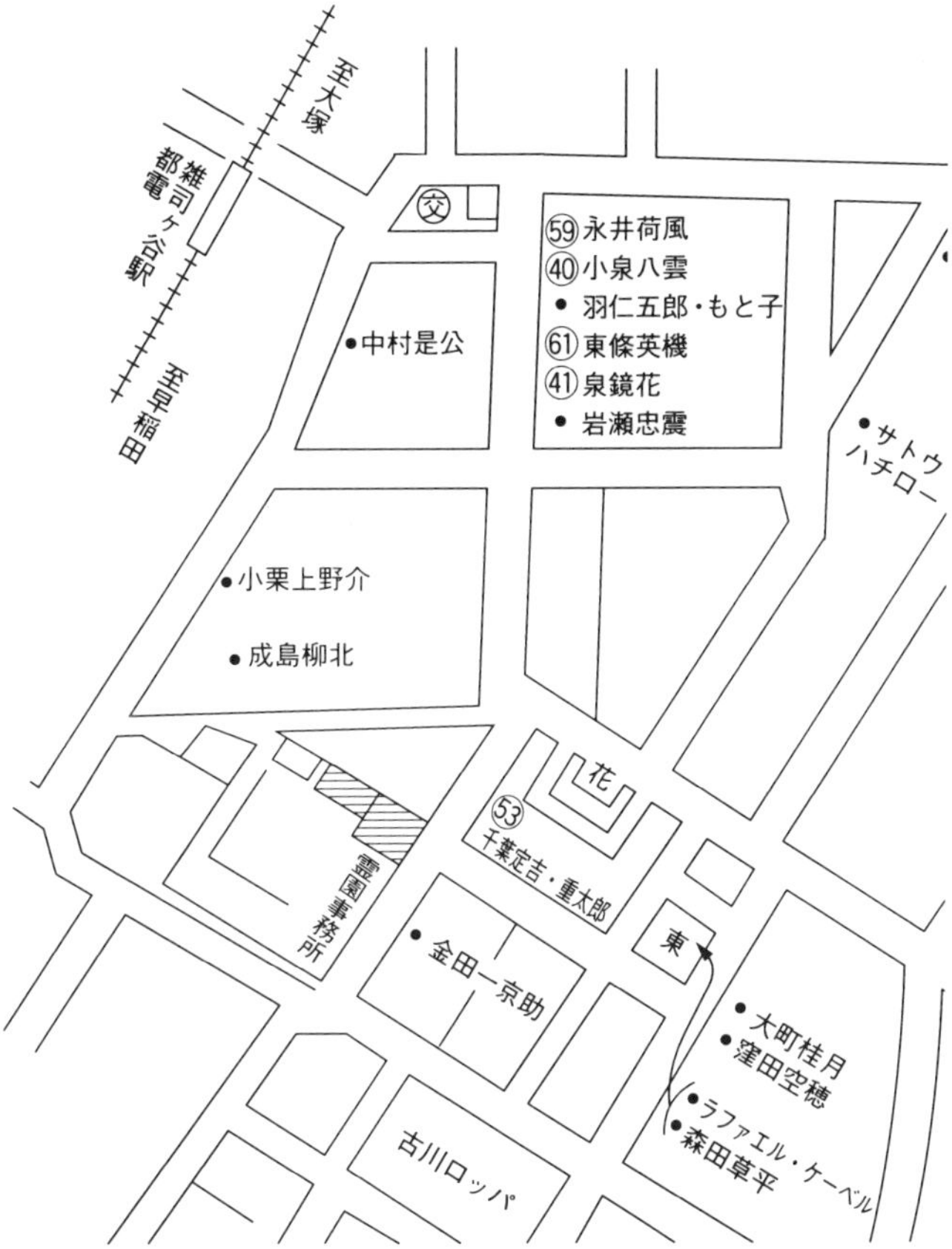
至大塚
雑司ヶ谷駅
都電
至早稲田
交
59 永井荷風
40 小泉八雲
羽仁五郎・もと子
61 東條英機
41 泉鏡花
岩瀬忠震
中村是公
サトウハチロー
小栗上野介
成島柳北
花
53
千葉定吉・重太郎
霊園事務所
金田一京助
東
大町桂月
窪田空穂
ラファエル・ケーベル
森田草平
古川ロッパ

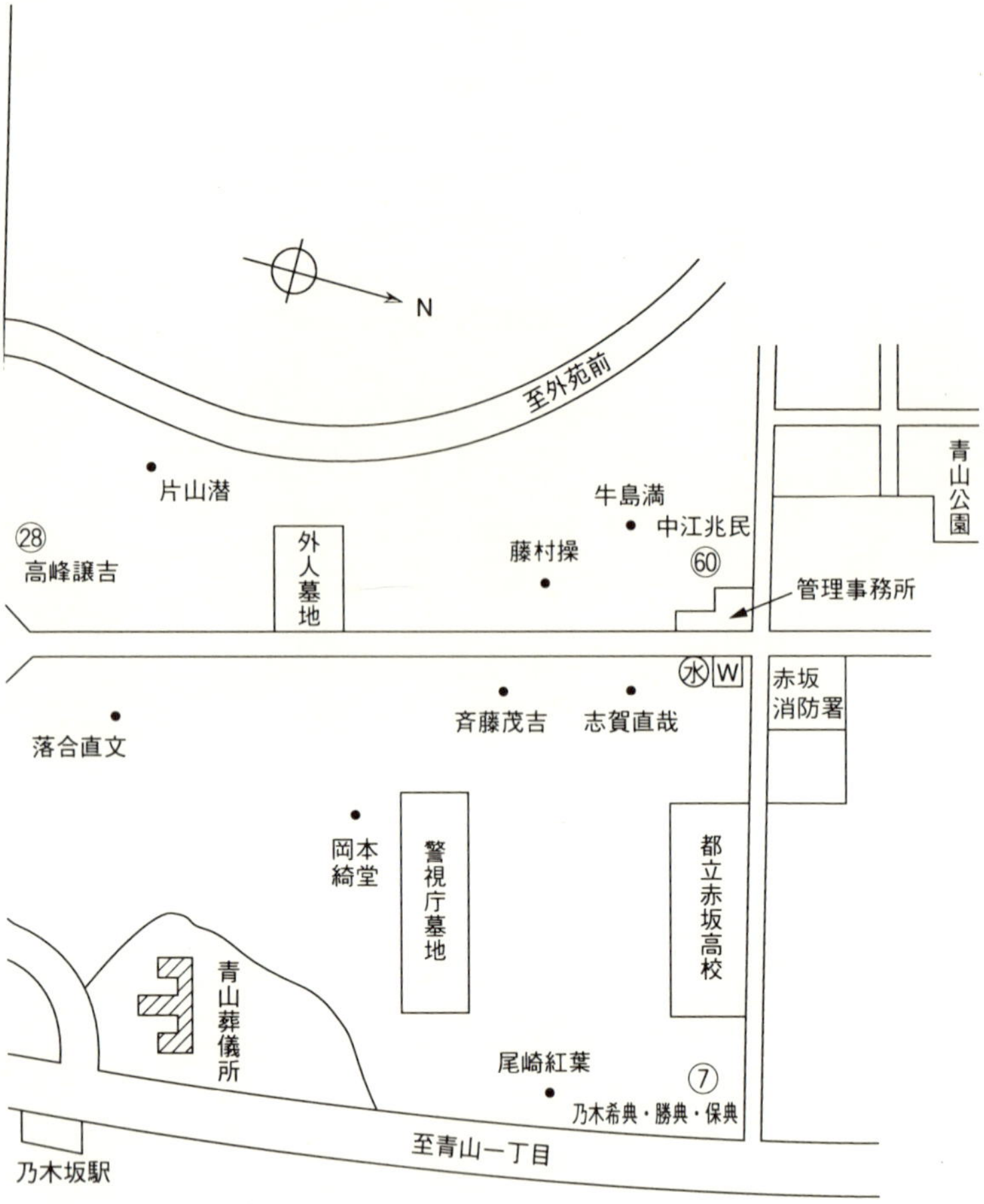
N
至外苑前
片山潜
牛島満
中江兆民
青山公園
㉘
高峰譲吉
外人墓地
藤村操
60
管理事務所
水
W
赤坂消防署
斉藤茂吉
志賀直哉
落合直文
岡本綺堂
警視庁墓地
都立赤坂高校
青山葬儀所
尾崎紅葉
⑦
乃木希典・勝典・保典
至青山一丁目
乃木坂駅

都営青山霊園

〒107-0062　Phone 03-3401-3652
港区南青山2-32-2
墓所面積125279m²　14642基

N
吉川英治
57（20・1・51）
31 藤原咲平
56 徳田球一
亀井勝一郎（20・1・22）
大賀一郎（20・1・33）
徳永直（19・1・24）
中山晋平（21・1・6）
岸田国士（18・1・10）
菊池寛（14・1・6）
中島敦（16・2・33）
正田健次郎
岡本太郎
岡本一平
岡本かの子（16・1・17）
ゾルゲ（17・1・21）
ディック・ミネ
尾崎秀美
川田晴久
14
北原白秋
三島由紀夫（10・1・13）
長谷川町子
与謝野鉄幹
与謝野晶子（11・1・10）
有島武郎 49（10・1・3）
32
鈴木梅太郎（10・1・7）
東門
内村鑑三 8（8・1・16）
児玉源太郎
直木三十五追悼碑
徳富蘇峰（6・1・8）
東郷平八郎
新渡戸稲造 9（7・1・5）
10
吉岡弥生（8・1・7）
岡田嘉子
山本五十六
小泉信三（3・1・17）
外人墓地
船橋聖一（3・2・6）
徳川夢声（2・1・7）
川合玉堂（2・1・13）
至武蔵境
西武多摩川線
多磨墓地前駅
中村歌右衛門（2・1・13）
正門
至多磨霊園駅（京王線）
至是政

都営多磨霊園

〒183-0002　Phone 042-365-2079
府中市多摩町4丁目628番地
1300000m²
68000基　324000体

【著者略歴】
鈴木龍太郎（すずき　りゅうたろう）
早稲田中学校・東京陸軍航空学校・東京物理学校卒業・東京教育大学。
東京都立北園高校・北高校、埼玉県立与野高校・大宮高校・浦和高校・蕨高校、私立浦和実業学園高校に勤務。

時空漂泊—逝きし人々と石のつぶやき

2000年 5月 1日　初版 1 刷発行

著　者　鈴木龍太郎《すずきりゅうたろう》
発行者　瓜谷綱延
発行所　株式会社 文芸社
〒112-0004　東京都文京区後楽2-23-12
電話　03-3814-1177（代表）
　　　03-3814-2455（営業）
振替　00190-8-728265
印刷所　株式会社 平河工業社

乱丁・落丁本はお取り替えします。

ISBN4-8355-0171-3 C0095